社会保险理论与实践探究

常慧凯　郑相毅　徐晓青◎著

线装书局

图书在版编目（CIP）数据

社会保险理论与实践探究/常慧凯，郑相毅，徐晓
青著.--北京:线装书局,2023.9
　ISBN 978-7-5120-5550-6

　Ⅰ.①社… Ⅱ.①常… ②郑… ③徐… Ⅲ.①社会保
险—研究 Ⅳ.①F840.61

中国国家版本馆 CIP 数据核字(2023)第 135483 号

社会保险理论与实践探究
SHEHUI BAOXIAN LILUN YU SHIJIAN TANJIU

作　　者：常慧凯　郑相毅　徐晓青
责任编辑：林　菲
出版发行：线装书局
　　　　　地　址：北京市丰台区方庄日月天地大厦 B 座 17 层（100078）
　　　　　电　话：010-58077126（发行部）010-58076938（总编室）
　　　　　网　址：www.zgxzsj.com
经　　销：新华书店
印　　制：北京四海锦诚印刷技术有限公司
开　　本：787mm×1092mm　1/16
印　　张：11.5
字　　数：228 千字
版　　次：2023 年 9 月第 1 版第 1 次印刷
定　　价：78.00 元

线装书局官方微信

目　录

第一章　社会保险的基础认知

第一节　社会保险概述

一、社会保险含义

（一）社会保险概念

社会保险是国家通过立法手段，在劳动者遭遇年老、疾病、伤残、失业、生育及死亡风险，暂时或永久失去劳动能力或生活来源时，依法给予一定物质帮助，保障其基本生活需求的社会保障制度。我国《中华人民共和国宪法》规定：中华人民共和国公民在年老、疾病或者丧失劳动能力的情况下，有从国家和社会获得物质帮助的权利。

社会保险以劳动者及其家属为保障对象，是社会群体中最基本而且重要的部分。社会保险的支出规模在社会保障体系中占有最大份额。同时，社会保险所承担的风险也最多，关系到劳动者的整个生命周期和所有重大生存风险。因此，社会保险是现代社会保障体系的核心与主体，关系到国家大计与民生建设，被称为"社会安全网与稳定器"。

（二）社会保险基本内涵

从社会保险的概念中可以概括出社会保险所具有的基本内涵，具体如下所示。

1. 社会保险要依法建立

社会保险是一种特殊的强制保险，自产生之初就遵循立法先行原则。德国社会保险制度产生是通过立法形式确立的，强制实施是社会保险的特征，法律规范是社会保险制度赖以建立并成功运行的基本依据和重要保证。从制度建立到基金筹集、运营及待遇支付，社会保险运行的每一个环节都依靠法律制度强制规范和维护。

2. 社会保险突出了以人为本的价值理念

社会保险的直接目标是通过收入损失补偿，保障劳动者在遭遇生、老、病、死、伤残等风险而丧失生活来源时，依靠社会力量可获得一定程度的保障，从而保证其基本生活需求，维持劳动力的生产与再生产。社会保险承担并分散了劳动者失去生活来源的诸多风险，从而能够解除劳动者的后顾之忧。

3. 社会保险是社会化行为

社会保险的社会化体现在多方面：社会保险是政府机构或社会团体组织实施并承担最终责任，不是保险供给者与受益人之间的直接对应关系；社会保险是工业化、市场化的产物，也是现代经济社会正常运行的重要保障机制；社会保险具有实现与维持社会公平正义的功能，是促进社会进步、维护社会安全的重要举措。对现代社会而言，社会保险是不可替代的社会稳定机制。

4. 社会保险具有经济福利性

社会保险尽管强调权利与义务的对应关系，劳动者享受社会保险待遇需要付出劳动代价并投保缴费。但从直接的经济利益关系看，社会保险一般是三方缴费，除劳动者外还有政府、雇主分担缴费责任，劳动者作为最终受益人，其所得一定大于所缴费。

5. 社会保险属于基本生活保障

社会保险以收入损失补偿为手段化解劳动者的生存风险，其目标是保障劳动者在特定情况下享有基本生活权益。劳动者遭遇生存风险会有收入损失，但补偿不是补偿全部损失而是"一定程度"，即满足基本生活需要。保险待遇要有就业与非就业的区别，劳动与不劳动的差距。

二、社会保险分类

社会保险分类依据不同的标准而有所区别。

第一，按参加保险的主体范围不同，社会保险可以分为两大类：用人单位内部保险和外部保险。前者如企业内部补充保险、企业年金或职业年金、职工互助保险等，后者则包括社会化的养老保险、医疗保险、工伤保险、失业保险等。

第二，根据保险待遇的性质，社会保险可以划分为不同项目：养老保险、医疗保险、失业保险、工伤保险、生育保险、护理保险、伤残与死亡保险等。

第三，依照项目的社会风险性质，社会保险可以分为老年保险、健康保险、失业保险、工伤保险、生育保险等。

第四，按照保险费用的负担方式，社会保险可以分为雇主责任险、雇员责任险、政府责任险。雇主责任险由雇主负责缴纳保险税费，如工伤保险、企业内部的补充保险。雇员责任险则由雇员承担部分或全部保险税费，大多数的社会保险项目都是雇员责任险。政府责任险则是由公共财政出资的保险项目，如多数残障保险即针对特定群体的由政府负担保险费用的保险项目。

第五，根据领取保险金时间的长短，社会保险可以分为长期保险和短期保险。领取保险金时间较短的项目有失业保险、疾病保险、生育保险等，领取保险金时间较长的项目有老年保险、国民年金等。

参照大多数国家社会保险划分标准，以社会保险发展及立法为依据，我国的社会保险体系划分为养老保险、医疗保险、工伤保险、失业保险、生育保险五大类。其中生育保险单列，是我国社会保险体系的特点。

三、社会保险目标与功能

（一）社会保险目标

社会保险自产生以来，不仅被世界各国认同并仿效，而且在发展中不断被改革和完善，其追求的目标也伴随着经济社会发展而不断进步。当初，德国就社会保险立法，主要是作为社会控制工具而应用，是为了维护统治阶级的统治秩序，为缓解劳资双方的冲突与矛盾，是为了满足德意志对外征服与统一的需求。随着经济发展与社会进步，社会保险除追求稳固统治这一政治目标外，增加了很多富有人道主义与公平正义的追求。各国社会保险制度建立不仅有政治目标，也有了人道主义的诉求。现代社会保险既承担着预防与分散社会风险的职能，还肩负着实现和维护社会公平的重任，综合社会保险制度的产生、发展与完善，社会保险的目标呈现多元化趋势。

1. 社会保险直接目标

（1）收入损失补偿

社会保险首先是向劳动者提供制度性收入保障的措施。社会保险是工业化的产物，工业社会的生产方式与生活方式削弱了传统家庭或家族的风险分担功能，以出卖劳动力为生的无产者，不仅增加了职业伤害与失业风险，而且也使得疾病与老年风险超出了家庭的负担能力，逐步演变成群体性的社会风险。社会问题需要社会化保障机制予以纾解，社会保险能够在政府干预的前提下，通过强制立法筹集巨大的风险储备金，当劳动者在暂时或永久丧失劳动能力时，提供收入损失补偿，解除劳动者在职业伤害、失业、疾病、养老等多方面的后顾之忧，保障劳动者及其家属能够老有所养、病有所医。制度化的社会保险首要目标就是通过收入损失补偿，为劳动者提供基本的经济保障。

（2）预防与缓解社会风险

社会保险作为制度化的社会稳定机制，是政府干预经济和弥补市场失灵缺陷的重要手段。工业化极大地促进了经济发展与社会进步，但工业化也带来职业伤害风险；市场化实现了资源的有效配置，但过分强调竞争与效率也带来更多、更大的生存困难，难以避免的失业、收入差距拉大、贫困等，使部分社会成员陷入困境。工业化与市场化相关联而导致社会风险的集中与激化，是劳动者自身难以克服的社会问题，必须通过政府的干预，防范和化解市场失灵带来的生存问题。实践证明，社会保险是强有力的政府干预手段之一，也是防控与分散社会风险的重要措施。社会保险所具有的分散与化解社会风险的强大能力，在缓解劳资冲突与阶级矛盾方面有目共睹。

（3）劳动者基本生存权利保障

在现代文明社会，维护与保障人权是一项基本道义原则，也是宪法赋予公民的权利。人权首先是生存权的保障社会保险被誉为社会安全网，是一种带有福利性、救助性与强制性、垄断性的特殊保险。尽管社会保险与商业保险的技术基础一样，也需要筹集保险基金，考虑财务收支平衡，也要进行经济核算，但这只是手段而不是社会保险的目的。社会保险的直接目标之一是通过保险待遇给付，保障广大劳动者及其需要供养的家属，在任何情形下能够保持最基本的生活条件，保证人们老有所养、病有所医、住有所居、幼有所长，鳏寡孤独、残障者皆有所养。社会保险通过立法形式向国民提供物质帮助，当国民遭遇年老、疾病、失业、生育、伤残、死亡等风险，生活陷入困境，根据社会保险法律制度，保障所有参加保险的社会成员享有均等的基本生活帮助权，从而消除与缓解社会矛盾，实现社会秩序稳定

2. 社会保险特定目标

社会保险除具有直接目标外，由不同社会制度与经济制度的本质属性决定，社会保险还有其特定目标。社会保险首先产生于资本主义制度内，而且在资本主义国家最为盛行从历史角度观察，在社会保险产生过程中尽管有工人运动的冲击与促进，但也有政府的积极介入与主动干预。时至今日，即便社会保险基金入不敷出导致国家财政赤字压力，政府对于削减社会保险支出一般也不会轻举妄动，大多数国家不惜举债支持发展社会保险事业事实上，各国政府对于建立社会保险有其特定的目标设定。

（1）调节劳资矛盾，缓解阶级对立

综观社会保险发展史不难看出，从社会保险立法到每一项社会保险制度的出台，无一例外都关系到社会矛盾激化与工人阶级的抗争。社会保险之所以首先产生于德国而非工业化程度更高的英国，其中一个重要因素是德国工人运动的风起云涌。受马克思主义思潮的传播与社会主义政党的推动，德国工人阶级为维护自身利益与基本生存权利进行了不懈斗争，强烈要求政府实施保护劳工的政策。

尤其是失业保险的产生更是阶级斗争的成果。在社会保险体系中失业保险较之其他项

目产生要晚得多，也是因为在资本主义早期的社会群体性风险中，失业问题尚未形成重大压力。资产阶级政府为缓和阶级矛盾，维持垄断统治，被迫改变统治策略，以失业保险立法的形式调节劳资冲突，缓解阶级矛盾。

（2）提高劳动生产率，获取更多剩余价值

在生产力诸要素中，人是最基本、最主要的决定性因素。在市场化体系中劳动力作为特殊商品，不仅能够创造价值，而且能够创造出比自身价值更多的剩余价值社会保险在客观上减轻了劳动者的生存压力，消除了劳动者的后顾之忧，激发了劳动者的工作热情，是提高劳动生产率、获取更多剩余价值的关键条件。社会保险在不损害资方根本利益的前提下，以付出生产成本的方式保证劳动者群体的稳定性与连续性，这对于创造劳动价值，或获得更多剩余价值有利可图。

（3）改善劳动者生存环境，提升劳动者素质

劳动力的再生产、劳动者的素质提升是社会扩大再生产的基础，生产发展与劳动生产率的提高本质上取决于劳动力的更新与劳动者素质的改善随着科技进步与工业化程度的提高，生产方式的改变对劳动者职业素质和技能有了更高的要求，劳动者必须有机会接受基本教育和职业培训，这本身是工业化生产的要求，也是劳动力再生产的基础条件。社会保险能够为劳动者再生产及提升劳动者素质提供直接援助。疾病保险在劳动者遭遇风险时提供及时治疗及基本生活保障；生育保险能够维护女职工的生育健康，减轻繁育后代的重负，维持劳动力的再生产；失业保险帮助劳动者渡过难关；工伤保险以经济补偿的方式增强社会成员应对意外事故伤害的能力。社会保险通过改善劳动者生存环境，进而提升劳动者素质。

（二）社会保险功能

1. 社会安全保障机制

社会经济的发展进步离不开稳定的社会秩序与社会环境，如果说市场机制是现代各国经济发展的动力机制，那么社会保险则是社会安全的稳定机制。历史发展反复证明，当劳动者生存陷入困境，就会铤而走险进行反抗，社会的动荡、朝代的更迭，无一不是由生存危机而演变成的社会政治危机。

社会保险是国家为劳动者提供基本生存保障的社会制度，它不仅能够帮助陷入生活困境的社会成员摆脱生存危机，还能满足社会成员对社会安全与稳定的需要。例如，市场经济条件下，劳动者难以回避竞争失败导致的失业，失业保险能够帮助失业者走出生存困境。完善的社会保险政策给予社会成员生存权利保障，有效地缓解了社会成员所面临的各

种生存风险，解除了劳动者的后顾之忧。由此可见，社会保险作为应对群体性风险的预防机制，能够防范与消弭社会成员因为生存危机而导致的对政府与社会的对抗心理与行为，从而有效地缓解或消除社会不稳定因素及潜在风险，保障社会秩序的稳定与社会安全目标的实现。基于此，社会保险被称为社会安全网、稳定器。

2. 市场经济稳定机制

迄今为止，市场依然是最有效的资源配置机制。但市场经济理论与实践反复证明，市场不是万能的。如同政府不是万能的一样，市场也存在失灵现象。市场经济天然追求效率，本质上存在收入分配缺陷，不能自觉解决好公平问题。市场机制对通货膨胀无能为力，市场调节本身存在滞后性与盲目性。正是由于市场的失灵，才需要政府的干预与调节。

社会保障在本质上是一个国家对经济的干预问题，用另一种表达方式就是相信政府还是相信市场的问题。社会保险本身是市场经济发展的必然产物，但其微观的经济补偿手段客观上具有宏观调控的作用。社会保险制度是市场劳动力再生产的重要保障机制，社会保险基金的收支是国民收入分配的调节机制，基金的投资运营可以调节产业结构社会保险被称为平抑市场经济波动的稳定器，是市场经济良性运行不可替代的调节机制。

3. 国民收入分配调整机制

初次分配是以市场为基础，强调的是效率原则。由于在市场竞争中劳动者个体的差异性广泛存在，他们从国民收入初次分配中所得必然存在差别。尽管在不同劳动者中存在适度收入差距是一种激励措施，有利于提高劳动者的积极性，但收入差距如长期持续存在，将导致差距拉大而形成贫富分化。过度的收入分配差距必然形成社会不公，贫富悬殊一旦超过基尼系数 0.4 的警戒线，就会对社会稳定与经济发展产生负面影响。社会保险制度作为重要的再分配机制，能够在一定程度上缩小不同社会成员及不同群体之间的收入差距，具有实现与维护社会公平正义的价值追求社会保险分配是以缩小贫富差距、缓解贫困为主要目标，通过社会成员之间的互助互济与收入损失补偿，保障在竞争中处于弱势地位的社会成员能够维持基本的生活条件，在一定程度上调解着不同社会阶层、不同地域之间国民收入分配，以弥补初次分配公平不足的缺陷，与国民收入的最终分配目标相一致。

4. 经济社会发展进步促进机制

第一，社会保险作为社会稳定机制，为经济社会可持续发展提供了安全环境。

第二，社会保险不同于社会救助的被动、消极，是一种积极、主动的社会风险预防与分散机制，从而为促进经济社会发展提供了制度基础。

第三，随着制度覆盖范围扩展，社会保险基金的规模日益增大，使其具备了促进社会经济发展的影响力。

第四，社会保险基金投资运营必然对资本市场产生正能量，能够直接促进某些产业的发展。

第五，社会保险基金的筹集、发放蕴含着责任共担机制。社会保险为社会成员提供安全保障，客观上实现了社会成员之间的互助互济，不同阶层、群体的社会成员在互惠互助中实现了自助与他助，提升了社会文明程度，促进了经济社会发展的良性运行。

当然，伴随社会保险制度的发展、改革与完善，社会保险所体现出的作用与功能日趋强大而复杂、但作为社会群体风险的保障机制，体现以人为本的价值理念，保障劳动者的生存、发展权利，实现和维护社会公平正义，必定是制度的本质属性。社会保险制度既不是完美的，也不是万能的，在强调社会保障功能与作用时，制度目标不能泛功能化。

第二节　社会保险的对象与目的

一、社会保险的对象

社会保险是对风险提供保护的非市场机制。其对象与商业性人身保险的对象一样，是人而不是物。由于商业性人身保险是风险管理的市场机制，因此，社会保险与商业性人身保险有显著的区别。就保险对象成立要件而言，人身保险的保险对象与人寿保险公司是在完全自愿的基础上，遵循对价有偿原则而建立的一种经济合同关系，不要求被保险人一定是在业或愿意就业的劳动者。社会保险提供保障的风险，往往具有高度的相关性，由此决定了其对象具有某些共同的特征，例如失业保险、工伤保险对象是有收入的劳动者，并且是被强制地纳入社会保险制度的保险范围，个人没有自由选择的余地。

社会保险对象是社会保险制度的本体，是一切社会保险关系得以发生的基础。但是，社会保险对象和社会保险受益人并不完全等同，社会保险建立的目的不仅是保障其对象本身，还包括一些与社会保险对象有密切经济利害关系的人，例如部分国家的老年及遗属保险、残障保险项目，除了社会保险对象之外，社会保险对象的配偶、未成年子女还可以按规定领取一定的社会保险金。

社会保险对象的数量和保险范围由经济发展水平所决定，同时与各国的重视程度、传统习性、文化背景等有着非常紧密的联系。如果一国政府高度重视社会保险，且经济发达、政府财力充裕、负担保费能力大，则该国的社会保险覆盖率就高，被社会保险制度覆盖的人数就多，获得保险保障的范围就越广。因此，严格来说，由于国情各异，社会保险对象无论是在数量上还是在类型上，都很难完全一致。

社会保险对象，就参加保险的资格而言，大体可分为以下几类：

（一）覆盖制度范围内的劳动者

大多数国家建立社会保险制度之初，并不是覆盖全部行业的劳动者，而是选择一定规模的企业劳动者为保险对象，或者覆盖相对稳定成熟的产业。某些国家的某些社会保险项目要求企业雇佣人数达到一定数量才强制纳入。例如，美国的大部分州强制要求雇佣 5 人以上的企业必须参保工伤保险。日本、印度、我国台湾地区对小企业参保也有排斥条款。

社会保险对象一般要缴纳相关税费作为享受保险待遇的资格条件，对劳动者参保往往有一定收入水平的限制。如果个人收入水平低于一定程度，不能承担社会保险税费，一般会被排除在保险项目之外。例如，美国、加拿大、奥地利的老年保险都有收入水平的限制，瑞典、挪威的疾病生育保险也规定了最低收入限额。此外，有些国家对一些特定行业有强制参保的规定，不涉及企业规模和个人收入水平，只要是制度规定的行业必须无条件参保。例如，日本规定，凡从事商品制造、采矿、商品买卖的行业，不论其劳动收入和家庭财产多少，都强制参保。

（二）被雇佣劳动者

社会保险制度覆盖范围扩展到一定程度会覆盖所有被雇佣劳动者，即工薪收入劳动者，农、工、商、文教、卫生及各行各业都会被强制纳入制度。例如，西班牙、意大利等国家规定，凡是有工薪收入的被雇佣者都必须参加社会保险，但在具体社会保险项目中的扩展水平也存在差异。例如，工伤保险覆盖面扩展一般会快于失业保险、生育保险等。被制度覆盖的雇佣劳动者一般会要求签订正式劳动合同，或者存在事实上的劳动关系。

（三）劳动者及其家属

社会保险的目的是解除劳动者的后顾之忧，劳动者作为家庭收入主要来源的顶梁柱，不仅要解决自己的生存问题，还要照顾到无工作的配偶、未成年的子女，涉及一个家庭生计及其劳动力再生产。随着社会保险制度的成熟发展与完善，制度惠及家属成为必然选择，劳动者的家属在劳动者参保后会享受到一定程度的社会保险待遇，与缴费和参保年限无关。但一般而言，对某些特定行业如农、牧、渔业等，在社会保险制度创始阶段往往不会覆盖，需要政策相对成熟后才能够纳入。例如，我国的社会保险首先为工商业劳动者建章立制，灵活就业者和农村地区的社会保险项目建设相对滞后，目前惠及家属的覆盖面扩展不足。

（四）全体国民

凡是达到社会保险的参保年龄，全体国民无论是工薪劳动者还是没有被雇佣的国民，没有性别、地域、职业差异，都被强制纳入社会保险覆盖范围。北欧、新西兰、加拿大等福利国家的国民年金制度，英国及我国台湾地区的国民健康保险，均实行全民保险制度。与经济社会发展进步相适应，社会保险制度的功能与作用日益突出。当社会保险发展成为不可或缺的社会安全网，成为一个国家文明进步的重要标志时，其覆盖全体国民就是必然的结果。在发达国家和地区，社会保险甚至惠及侨居的外国侨民。例如，在北欧福利国家，只要在当地居住达到规定年限，达到退休年龄后即有资格条件领取一份国民年金维持生存，无关乎投保、缴费、国籍等常规条件。

我国社会保险对象的范围是随着我国各项社会保险制度的逐步建立和完善而扩大的。我国先后出台和多次修订了养老、工伤、失业、医疗和生育保险规章制度，社会保险对象扩大到城镇所有年满 16 岁（不含在校学生）的城镇居民和乡镇企业职工，以及部分农村公民。依据个人缴费占整个社会保险费的份额不同，以及必须参加的社会保险差异，社会保险对象大体上可以分为五类：第一类是城镇企业职工，这部分劳动者是法定必须参加统一的养老、医疗、工伤、失业等保险的；第二类是城镇个体经济组织的劳动者及乡镇企业职工，被纳入社会保险的一些项目之中；第三类是国家公务员以及比照公务员身份的中国共产党的机关、人大、政协、部分社会团体、检察机关、司法机关、公安机关中的工作人员和学校教师与职员，参加了部分社会保险项目，并且在医疗保险中享受着特殊的优惠政策；第四类是一定年龄以上的城镇居民必须参加社会养老保险，一些地方还举办了少儿医疗保险项目，18 岁以下的居民自愿参加这类医疗保险项目；第五类是约占全国人口 70%的农村劳动者，除部分农民工和农村社会保险试点地区的居民成为社会保险对象外，绝大部分农村居民被排除在社会保险制度之外。近年来，政府逐步重视农村社会保障制度的建设，有缴费能力的农村居民参加了新型农村合作医疗制度。

二、社会保险的目的

（一）社会保险的一般目的

社会保险的一般目的是同商业性的人身保险相比较而言的，二者作为社会化大生产的产物，有着许多相同或类似的地方，但其直接目的则有着本质的区别。商业性保险通过筹集保险基金，进行经济补偿或给付，直接效果是使被保险人的生活得到保障，间接效果是使社会再生产能够顺利进行。但是商业性保险经营者（即保险人）是经营风险的特殊企业，具有企业法人的一般特质，是市场参与的主体，其经营的根本目的和动机就是利润最大化，其他所有保险活动都是为此目的而服务的。

与商业性保险不同，社会保险多由政府主办，并由政府财政负担部分责任，是一种带有福利性、救济性、强制性和垄断性的特殊保险。一般而言社会保险的目的包含两个方面：一是通过社会保险给付，使广大劳动者及其家属在任何情况下都能保持最基本的生活条件，保证人们幼有所长、学有所教、壮有所用、劳有所得、住有所居、病有所医、老有所养，鳏、寡、孤、独、残障者皆有所养；二是在政治方面，通过社会保险，保证国家的各项政策得到贯彻实施，维持社会安定。

（二）社会保险的特殊目的

社会保险除一般性目的外，还有其特殊的目的。社会保险的特殊目的是由社会制度和经济制度的本质决定的。在资本主义制度下，生产资料和劳动成果归资本家所有，资本家和工人的关系是剥削与被剥削、压迫与被压迫的阶级对立关系。资本家是资本的化身，不断增值和急剧扩大是资本的内在冲动，最大限度地榨取剩余价值是实现其目的的唯一途径。但是，历史总是不断前进的，不同历史条件下资本家榨取剩余价值的方法、手段和策略有所不同，当资本主义从自由竞争时期发展到垄断阶段后，作为资产阶级利益的代表——资产阶级政府，对关系到劳动者的物质和文化生活的社会保险事业却表现出一定程度的关注，甚至有时不惜举债也支持发展社会保险事业。从历史上看，真正的社会保险事业不仅起源于资本主义国家，而且也盛行于资本主义国家，至今仍在进一步发展。资本主义国家举办社会保险有其特定的目的。

1. 为了在科学技术进步和生产高度自动化条件下，获得更多的剩余价值

在生产力诸要素中，人是最基本的又是最主要的决定性因素。劳动力是一种特殊商品，不仅能够产生使用价值，而且能够创造出比自身价值更大的价值。随着社会的进步，必要的生活资料的含义发生了变化，因此，如何在新的条件下稳定雇用工人情绪，提高雇用工人的劳动兴趣，使劳动力与生产资料的结合保持一种正常状态，就成为资本家获取剩余价值的关键条件。资本主义国家举办社会保险，在一定程度上减轻了劳动者的生活负担，消除了劳动者的后顾之忧，提高了劳动者的工作热情和积极性，这正是资本家为实现其生产目的所需要的。同时，生产方式逐渐向自动化方向发展，要求劳动者必须具有一定的文化知识水平和掌握必要的生产技术，并使劳动者有机会受到基本教育和职业培训，这本身就是大工业存在的基础和资本家有效剥削现代工人的前提，在不损害资本家根本利益的条件下，通过社会保险的形式保证劳动者在一定时期内就业的稳定性和连续性，这同资本家的根本利益是相一致的。

2. 为了加快资本形态变换，提高资本利用率

无产阶级和广大劳动群众，既是剩余价值的生产者，又是实现剩余价值的消费者。但是，资本积累的结果使得生产和消费的矛盾日益扩大：一方面，资本主义生产伴随科学技术进步和资本竞争无限制地扩大；另一方面，劳动者有支付能力的购买力因资本剥削而相对下降，从而造成消费水平大大低于生产水平，结果，使资本形态变换困难，资本流通渠道长期受阻，这种现象在19世纪末和20世纪初期尤为突出。为了改变这种状况，资本家积极倡议由政府出面创办社会保险，维持劳动者必要的购买能力，这无疑有利于保证剩余价值尽早实现，有利于加快资本周转，提高资本的利用率和资本生产力水平。

3. 缓和阶级矛盾，维护资产阶级统治

早期每一项社会保险制度的产生，都同阶级矛盾的激化有密切的关联。19世纪后期开始，资本主义基本矛盾进一步激化，经济危机频繁爆发，失业大军日益增加，劳动人民生活相对贫困，无产阶级以各种形式反对资产阶级的斗争此起彼伏，资本主义制度面临空前严重挑战。慑于无产阶级的强大力量和社会压力，为了笼络人心，缓和阶级矛盾，维持垄断资本统治，资产阶级不得不改变策略，放弃强制高压手段，代之以社会保险政策来安抚被激怒了的无产阶级和广大劳动群众。

在社会主义制度下，由于建立了生产资料公有制，基本上消灭了人剥削人的经济基础，广大劳动者不仅成为生产资料和生产过程的主人，而且也是享受劳动成果的主人。国家、企事业单位和个人三者的根本利益是一致的，虽然，企业之间、劳动者之间在一定程度上还存在所得利益上的差别，但是，如果宏观调控得当，初次分配和再分配政策合理，这种利益上的差别就不会引起根本利益上的冲突和产生两极分化。因此，就社会主义经济实质来说，社会主义国家从事所有的经济活动，都是为了满足劳动人民日益增长的物质和文化生活需要。社会主义国家积极举办和发展社会保险事业，其根本目的是保障人民生活，发展社会主义生产力，为广大劳动者谋利益，这同社会主义经济基本规律是相适应的，同时也是实现社会主义劳动者共同富裕和防止两极分化的主要手段，是社会主义制度优越性的具体表现之一。

第三节　社会保险的意义

一、举办国政府高度重视社会保险

社会保险涉及面广、适应性强、关系到千家万户、与国泰民安息息相关，所以，凡举办社会保险的国家（特别是资本主义国家），都把社会保险视为社会震动的"减震器"和"安全网"，予以高度重视。有的国家将社会保险列为重点保险项目，优先举办。就我国来说，从政策走向来看，政府正力求将社会保险覆盖到每一个国民。

各国政府对社会保险高度重视的另一种表现，就是注意加强对社会保险的监督和指导，建立健全社会保险管理机构。如英国为办理社会保险，在国家政府机构中，设有社会保障部，直接监督管理保险行政与保险业务；在地区设有社会保障局；在县、市设有保险办事处。在美国，社会保险有效地实行了联邦政府和州政府两级负责管理制度，凡属全国性的险种，由联邦政府主管，凡属地方性的险种，则由州和地方政府主管。美国负责社会保险的主管机构有：卫生教育福利部、社会保障总署、劳工部和州劳工处等。又如，日本成立了社会保险的最高行政机关——劳工部和卫生福利部，根据保险业务，下设各专业局（如年金保险局、健康保险局、劳工标准局、职业保障局、儿童家庭局等）和各种保险组织，负责监督管理社会保险行政和具体业务。在法国，专门成立了社会事务与劳务部、卫生与社会保障部和社会事务与团结部负责监管全国的社会保险事业。在我国，根据社会保险发展的需要，成立了劳动和社会保障部，省、地、县都成立了相应的管理机构，实现了大部分社会保险项目的归口管理，改变了过去多龙治水的局面。根据国务院机构改革方案，围绕转变政府职能和理顺部门职责关系，探索实行职能有机统一的大部门体制，国务院决定将人事部与劳动和社会保障部的职责整合，组成人力资源和社会保障局。它的组建，将有利于整合人才市场与劳动力市场，建立统一规范的人力资源市场，促进人力资源合理流动和有效配置，统筹就业和社会保障政策，建立健全从就业到养老的服务和保障体系。

二、国际组织大力推动世界性社会保险事业发展

世界银行是联合国金融方面的专门机构，除了为成员国的一些大型项目提供中长期贷款外，还对涉及养老、医疗等社会保障相关领域的发展项目给予支持。

可见，社会保险的意义已经远远超出一国范围，成为发展世界公益事业、稳定全球局势和维护世界和平的战略措施。

三、社会保险的作用

社会保险的意义除了体现在各国政府及国际组织的重视外，更重要的还体现在它的作用上。社会保险的作用，概括起来有以下几点：

（一）稳定社会秩序，巩固社会制度

在市场经济条件下，市场机制和竞争规律发生作用的结果，必然使一部分人先富裕起来，一部分人因竞争失败或经营不善而导致破产，面临生存困难。同时由于劳动者个人的劳动技能和身体条件以及家庭境况不同，收入和生活水平存在着较大的差异。特别是当劳动者失业、暂时或永久丧失劳动能力时，部分劳动者生活就会陷入困境，甚至无法生存下去。历史上往往有这样的现象，人们到了饥寒交迫、无法生存时，就会不顾一切，铤而走险，引发社会动荡，影响政局稳定。社会保险对那些由于各种原因造成生活困难的劳动者提供保险保障，使他们能保持最低生活水平，这实际上就免除了人们生活无着落的恐惧和后顾之忧，消除了社会不安定的因素，起到治国安民的作用，无论是资本主义国家还是社会主义国家的历史事实都证明了这一点。

（二）改善就业结构，提高劳动者的劳动技能，促进就业

社会保险中的失业保险与劳动就业是紧密相连的，有了失业保险，企业可以辞退多余的劳动力，失业者一方面可以按规定领取失业救济金，获得维持基本生活条件的保障；另一方面又因国家实施的促进就业政策，能够有机会接受新的教育与培训，掌握新岗位所要求的必备知识与技能。可见，失业保险以及开展的就业培训与就业指导，无疑能起到提高劳动者素质，改善就业结构和扩大就业机会等作用。

（三）保护劳动力，扩充劳动队伍

参加社会保险者，无论是失去工作、收入中断，还是遭遇伤害等意外事故，都可获得经济上的补助，使其基本生活需要得到保障，从而为重新就业提供了可能。同时，由于社会保险减轻了劳动者本人和家庭的经济负担，从而能够把一部分资金投资于家庭子女教育，这有助于劳动力再生产的顺利进行。

（四）通过社会财富再分配，促进经济发展

由政府承担的部分社会保险资金是通过各种税收筹集的。就是说，这一部分社会保险

税（费），来之于社会，却只是用之于被保险人。同样，企事业单位依法为其劳动者缴纳的社会保险税，也只有符合条件的被保险人才能享受。另外，对参加社会保险的个人而言，他也必须先履行一定义务，然后才能享受社会保险待遇。显然，社会保险这种方式，实际上使社会财富再次实现分配。通过社会保险对社会财富再分配，不仅能保障被保险人的基本生活水平，更为重要的是，还能刺激消费需求，稳定社会购买力，熨平经济波动。首先，社会保险给付规模同经济周期是逆向而行的，经济衰退给付增加，经济繁荣给付减少，减缓了经济循环过程中的乘数效应。其次，一个国家的经济不景气与公众消费需求相对下降关系密切，通过社会保险形式将社会财富的一部分转移到广大低收入者手中，低收入者随着收入增加就会相应扩大需求、增加消费，从而提高全社会的需求水平，防止供给相对过剩引起的经济萧条。

（五）保障儿童健康成长

参加社会保险者，如遇意外事故不幸身亡，按照规定，依其为生的未成年子女可以一次或按月领取遗属年金，以维持生活和正当的教育。特别是实施家庭津贴制度的国家，不论儿童的父母是否参加保险，凡符合法律规定年龄的未成年子女均可享领保育成长金，其经费由国家财政支付。这样，绝大多数家庭不会因子女多而增加负担或降低生活标准，也不会因其他原因而使未成年子女失去受教育的机会。

（六）培养人们储蓄的观念

使人们养成储蓄习惯的方法很多，例如银行等金融部门可以以优厚的利息率刺激人们储蓄，不过这种普通的储蓄一般是自愿的，人们往往难以形成较强的储蓄倾向，特别是西方国家的人们，存在消费上的"短视病"，储蓄倾向小于消费倾向。社会保险不同，它带有一定的强制性。凡实行社会保险制度的国家，其企事业单位和劳动者个人都必须无条件地参加社会保险和按规定缴纳保险税（费）。因此，社会保险有利于人们储蓄观念的培养。

（七）为国家积累发展资金

社会保险从收取保险税（费）到组织保险金给付，中间有一段时间距离。在这段时间内，保险人必然拥有相当数量的资金。这笔资金在尚未发生保险给付前，必然要进行投资增值，用于其他建设事业，促进国民经济发展。

四、社会保险是发展市场经济的内在要求

劳动者的保障是所有社会都面临的一个问题，只要存在人类和人类社会，劳动者的保

障就始终存在。然而以社会保险的形式为劳动者提供保障，则是在市场经济产生和形成之后，并且成为市场经济体系的重要组成部分。对此，可以从三个方面来理解和把握。

（一）社会保险是市场经济发展的必然产物

18~19世纪，欧洲国家首先发起工业革命，完成了从自然经济到商品经济的飞跃，确立了资本主义社会的市场经济秩序，资本主义机器大工业代替了家庭手工业，工厂成为社会生产的基本单位，生产成为社会化行为，随着资本积累，社会财富逐步集中到少数资产者手中，家庭保障和慈善机构已无力解决劳动者在生产活动中的风险及教育、医疗、赡养等问题，贫富差距进一步拉大，社会矛盾突出。因此，英国产生了合作性质的友谊社和私人保险，英国政府因势利导推行了新的济贫法。德国出现了工人自发组织起来的种种具有互助互济性质的基金会。19世纪70年代后，随着工业化的加速，贫富分化日趋加剧，要求救济的贫民和失业者数量持续上升，地方政府举办的贫民救济杯水车薪，私人自助性保险组织费用昂贵，广大贫民因负担过重而难以被包容其中，由此导致了工人的不满和反抗，工人运动此起彼伏，严重威胁着资产阶级的统治。当时，资产阶级统治者面临着两种选择，要么坐视资本主义社会走向分裂和混乱，要么采取补救对策缓解社会矛盾。在此情形下，19世纪末，工人运动最激烈的德国首先参考了商业保险的做法，先后颁布了疾病、工伤、老年和残障保险法，正式宣告现代社会保险制度的诞生。

（二）社会保险制度是市场经济运行中宏观调控机制的重要内容

市场经济制度本身的缺陷导致市场失灵，需要政府进行宏观调控，社会保险也由建立之初通过微观补偿机制实现缓和阶级矛盾的目的，转变成政府实施宏观调控的重要内容和手段。从宏观上看，社会保险制度是市场经济运行中劳动力再生产的重要保障机制，其基金的收支是国民收入再分配的重要调节机制，其基金的投向是国民经济产业结构调节的重要手段。

（三）社会保险是市场经济运行必要的稳定机制

市场经济运行实质上是市场机制对资源配置起基础性作用的过程，而这种配置又主要靠市场竞争来实现。市场机制要求参与竞争的主体有均等的竞争机会，由于资源配置的初始状态及各经济要素的禀赋不同，造成其结果的非均等性。一方面，激励劳动力要素的竞争热情和积极性；另一方面，那些无力参加竞争和竞争中的弱者，则被淘汰出局，生活失去保障，特别是在资本主义市场经济制度中，竞争更加激烈，其基本矛盾以及由此诱发的各种社会矛盾更加激化和突出。也就是说，根据市场经济的特点和发展规律，经济波动和社会震动是客观存在的，生产关系和生产力、上层建筑和经济基础之间的矛盾所反映出来的各种社会矛盾和社会问题也是不可避免的。为化解这些矛盾或缓解这些矛盾和问题对社会制度的冲击，各发达国家莫不把社会保险作为调控和稳定市场经济运行的重要机制，以致社会保障和国民经济基本同步发展，以及资本主义国家的相对稳定与繁荣，保证了资本主义生产关系和上层建筑基本上与生产力发展水平相适应。早在 20 世纪 90 年代前期，我国政府就已认识到并明确指出，以社会保险为主要内容的社会保障制度是社会主义市场经济体系的基本要素之一，是平抑社会经济波动的内在"稳定器"。

第四节　社会保险的特征

一、社会保险是商业性保险进一步发展的产物

从产生的先后顺序上看，社会保险始于 19 世纪 80 年代的德国，迄今仅有百余年历史。商业性保险的产生远远先于社会保险。正是传统社会救济机制和以近代精算技术为基础的民间及商业保险形式的充分发展，成为现代社会采取社会保险制度安排的两个基本条件。从理论上看，在商业保险市场中存在逆向选择、道德风险、老年储蓄不足等情况，以及还有诸如政治、经济、社会、自然和人为等风险，商业保险机制无法安全和妥善处理，从而造成商业保险市场失灵，在此情形下，需要通过政府干预，实施强制性的社会保险计划来解决。这也就是说社会保险是在商业性保险已建立的基础上产生和发展起来的。

二、社会保险是一种强制保险

强制保险是指由国家通过立法强制实施的保险，它要求凡是法律规定应参加某一社会保险项目的人们，必须一律参加，并按规定缴纳社会保险税（费），享受规定的待遇。这种强制性，同样适用于用人单位和社会保险机构，用人单位必须依法为职工（雇员）缴纳社会保险税（费），维护职工的基本权益。社会保险机构不得拒绝符合条件的人参加社会保险，或者随意更改社会保险项目或标准。而商业性保险，一般是具备了投保条件的单位和个人参加，并且保险人与被保险人双方建立的是一种经济合同关系，在保险水平、费率标准、交费方式以及是否投保等方面均可自由选择，有讨价还价的权利，除少数险种外，大多数险种在法律上没有强制规定。

三、社会保险税（费）通常由个人、企业和政府三方负担

社会保险解决了商业保险机制无法解决或者不能完全解决的风险，这些风险一旦发生，不仅危害特定社会中的个人和经济单位，也会波及政府，造成社会动荡。因此，这类风险的成本必须由个人、企业和政府三方共同负担。与此相对应，社会保险金不能转让或赠与他人，必须由合法的受益人申领，以达到确保被保险人及其家庭生活稳定的目的。而商业性保险的保险费，不仅全部由投保人负担，而且保险企业的营业和管理费也在所收保费项下开支。因此，商业性保险的收费标准在理论上相对高于社会保险。在保险金给付方面，商业性保险是以保险合同事先约定的标准为原则，享领人可由被保险人任意指定或转让他人，保险人一般无权过问。

四、社会保险以保障劳动者的基本生活水平为标准

社会保险从消费的角度来考察，是一种具有社会福利属性的准公共产品，因此，必须以能保障劳动者的基本生活水平为标准。如果保障水平过低，不能达到社会保险的目的，发挥不了保障基本生活、稳定社会、刺激经济增长的作用。如果保障水平过高，就会造成滥用社会保险资源，导致社会保险支出压力过大，企业人工成本上升，道德风险增加等。对于较高的保障要求，可以通过诸如个人储蓄、商业保险等形式解决。

五、社会保险具有储蓄性

社会保险，从收取保费到保险金给付的全过程看，带有事先储蓄以预防意外需要的性质，但它与纯粹的储蓄是有区别的。第一，只有在法定范围以内的人，才有义务按规定缴纳保费，参加保险。储蓄存款却无特定对象，任何人都可以自由存款。第二，社会保险筹集的保费，属于公共准备基金，任何个人不能自行处理，被保险人如遇有保险事故，只能按照规定的保险项目、支领条件和给付标准，领取应得的给付金额。储蓄则是个人单独形成的准备金，根据个人需要，随时都可以提取和自行处理，不受其他人限制。第三，社会保险范围内的保险事故发生后，被保险人领取的给付金额与所缴纳的保费数额没有绝对的联系。而个人储蓄，在提取存款时，只能以自己的本金加利息为限。需要指出的是，人身保险虽也具有储蓄的性质，但其差别也是显而易见的。

六、社会保险具有救助性

社会保险的救助性特点突出表现在社会保险和社会救助共同构成社会保障制度的主

体，其目的都是为了保障人们在遭遇事故、收入中断时，维持最基本的生活水平，免除人们的后顾之忧。不过，社会保险与社会救助也存在着差别。第一，社会保险的主要对象是有固定职业和正常收入的劳动者或其他工作人员，而社会救助的主要对象则是无力谋生的老弱病残者，或者无固定职业和正常收入、生活困难的人。第二，社会保险给付金依靠个人、企事业单位缴纳和政府的资助，绝大部分来源于劳动者的必要劳动。社会救助金的大部分则是由政府拨款，小部分由某些专项基金支拨，它完全来源于劳动者提供的剩余劳动。第三，参加社会保险者，必然先尽缴纳保险费的义务，然后才享有领取给付金的权利，权利和义务关系十分密切。社会救助则不同，救助金领取者通常享有受益的权利，无缴费义务。在此，权利和义务没有直接联系。

第二章　社会保险关系

第一节　社会保险当事人之间的关系

一、政府与劳动者

政府，即国家行政机关，是国家机构的组成部分，虽然各国政府的组织形式和名称有所不同，但都与政权性质相适应，是阶级专政的重要工具之一。依管辖权力范围划分，有中央政府和地方政府之分。

关于政府在社会发展中的地位，历史上有四种不同的理论和观点。第一种是被称为无政府主义的理论。这种理论将政府看作产生各种社会问题乃至社会祸害的主要根源，因此反对一切政府，很难用一种有生命力的自愿合作的自治组织来替代政府，以实现个人绝对自由与平等的社会。

第二种是被称为国家主义的理论。这种理论走向了另一个极端，陷入了国家崇拜，认为政府是神圣的、万能的，主张政府对社会实行全面控制与管理。

第三种是自由主义理论。自由主义理论认为，政府对社会活动和经济过程的管理与调控是必要的。就是说，政府对社会生活的干预必须有一定的限度，只能发挥"守夜人"的作用，社会对政府的行为必须具有监督和约束力。

第四种是马克思主义的政府理论。马克思主义从历史唯物主义的立场出发，根据市民社会决定国家的基本原理，认为政府同国家一样，不是从来就有的，而是社会发展到一定阶段的必然现象，是阶级矛盾不可调和的产物，它随着阶级和国家的产生而产生，并随着阶级和国家的消亡而消亡。马克思主义十分重视国家政府管理社会的职能，马克思指出：一切规模较大的直接社会劳动或共同劳动，都或多或少地需要指挥，以协调个人的活动，并执行生产总体的运动一不同于这一总体的独立器官的运动——所产生的各种一般职能。一个单独的提琴手是自己指挥自己，一个乐队就需要一个乐队指挥。后来列宁更具体地指出了国家一直是从社会中分化出来的一种机构，是由一批专门从事管理、几乎专门从事管理或主要从事管理的人组成的一种机构，任何大机器工业……都要求无条件的和最严格的统一意志，以指导几百人、几千人以至几万人的共同工作，没有一个使千百万人在产品的生产和分配中最严格遵守统一标准的有计划的国家组织，社会主义就无从设想。

自国家产生以后，尽管人们对国家政府的态度和评价不一，但有一点却是相同的，那就是，任何社会都离不开政府的管理和调控。至于政府如何管理、调控什么，是由社会发展各个阶段所能提供的社会条件和物质内容决定的。在现代市场经济社会，政府的职能与作用则主要体现在如下四个方面：

（一）对宏观经济进行调控，维持市场竞争秩序

在发达的商品经济条件下，虽然市场机制对资源的配置起主导的和基础性的作用，但是市场调节也不是万能的。首先，由于市场的不完全性和失灵，它不能自动地反映社会需求和长期经济发展趋势，不能解决国民经济长期发展的问题；其次，市场机制不能解决产业结构优化的问题，很难实现重大经济结构及比例的协调与发展；最后，市场机制不可能控制经济的周期性波动和通货膨胀等问题，难以保持宏观经济总量平衡。因此，为保持宏观经济稳定和总量平衡，推进经济可持续发展，需要政府通过财政政策、货币政策、产业政策和价格政策对经济生活进行宏观干预和调控。

此外，市场机制正常运行需要以一定的规则和法律强制作为前提。否则，市场机制就会失效，市场交易和市场竞争就会失去公正和效率。为此，要求政府除了颁布有关法律法规以外，还必须制定一套公认的并能够得以实施的市场行为规则，以规范市场主体的行为，为市场公平竞争创造必要的制度环境，保证市场机制正常运转。

（二）采取积极措施，限制或排除消极的外部经济性

任何社会条件下，都存在外部经济性。如发展基础研究和教育，会对社会产生积极的外部经济性，发展一些有污染的工业，会产生消极的外部经济性。外部经济性通常受制于个人和政府的行为，与市场交易本身无关。如某企业因生产水泥而严重污染了环境，但人们并不会因为生产水泥污染了环境就拒绝购买水泥。对造成环境污染的水泥厂只有通过政府行为或社会道德强制，强迫其进行技术改造，减少污染，或者按照有关法规，要求水泥厂对环境污染进行赔偿，等等。总之，在现代社会市场经济条件下，既需要政府通过公共财政支出和补助或者直接的公共部门的生产来推进积极的外部经济性产出，也需要政府通过强制有效的管制来限制消极的外部经济性产出。

（三）根据可能与需要，提供公共产品

提供公共产品是政府的基本职能之一。什么是公共产品？英国莱斯特大学著名经济学者大卫·金指出，公共产品就是"那些其利益具有非竞争性和非排他性的产品；前者是从

这类物品可以被不同的人同时消费这个意义上说的，后者则是从下列意义上说的：某种物品一旦提供给某一个人，不管其他人向提供者付不付钱，都不能排除这些人对这种物品的消费。典型的例子包括国防、法律和秩序"公共产品的特点是非竞争性和非排他性，依其特点，依靠市场价格机制不可能使生产和供给达到最优；如果依靠个人之间的直接交易去解决公共产品的供给问题，因成本太高、得不偿失而无人问津。私人企事业单位由于对其投入多或者产出效益低下不愿意或无力生产与提供。或者形成某些部门的垄断，导致成本过高和效率下降，损害广大消费者的利益。因此，公共产品的生产和供给，只能依靠政府根据国家财力和社会需要，通过国家财政预算，对公共产业、公共设施、公共教育、公共服务进行投资解决。

（四）以效率优先、兼顾公平，组织收入或财富再分配

美国经济学家阿瑟·奥肯在分析现代市场经济社会能够较好地解决效率而不能自动地解决公平的问题时指出：美国家庭在生活水平与物质财富占有上的差距体现着一种奖惩制度，这一制度力图激发努力奋斗的精神，并把这种精神引入社会生产活动中去。从某种程度上说，这一制度成功了，它创造了一个高效率的经济。但是，对效率的追求不可避免地产生出各种不平等。为什么对效率的追求必然会产生各种不平等呢？究其原因，主要是由于人们占有的财产和机会以及家境与个人能力不均等，因此，不平等是市场经济条件下的普遍现象。尤其是完全依靠市场经济机制运行不可能做到收入分配的协调和公平，不可能实现国家、企业和个人之间物质利益的结合。此外，现代市场经济社会也不可能完全自动地消除劳动者的后顾之忧。依靠商业性人身保险，只能解决部分有条件的劳动者的养老、失业和医疗问题，广大低收入者家庭通常被排挤在商业性保险大门之外。而人们的基本生活保障又是调动劳动积极性，保证市场经济正常运行的重要条件。基于上述原因，所有市场经济国家政府均力图通过税收政策、再分配政策和建立完善的社会保障制度来调节收入与财产的再分配，以牺牲部分效率解决公平及经济可持续发展问题。

在社会保险关系中，政府因受其职能决定，始终处于关系中的主体地位。国家政府通过其职能部门向广大公民提供社会保险绝非个人意志或国家或上层社会对下层社会的恩赐，而是一国政府的基本职能和应尽义务。国家通过各种途径，创造劳动就业条件，加强劳动保护，改善劳动条件，并在发展生产的基础上，提高劳动报酬和福利待遇。国家发展为公民享受这些权利所需要的社会保险、社会救济和医疗卫生事业。具体来说，政府在社会保险关系中的作用有以下几点：

第一，构建社会保险体系，确定社会保险发展规划和筹集资金的模式与手段，规定社会保险的保障范围、给付条件、给付标准与水平。

第二，建立社会保险预算制度，多渠道筹集社会保险基金，保证社会保险基金安全。

第三，为社会保险基金安全有效地运作提供政策和技术条件，保证社会保险基金增值，增大社会保险的偿付能力。

第四，采取合理与公平的收入再分配措施，向广大劳动者提供基本的社会保险，并承担社会保险最基本保障部分的财政责任。

第五，制定和颁布社会保险法律，确保社会保险管理规范化和高效化。

在社会保险关系中，劳动者是社会保险保障权利所指向的对象，因此，他们享有充分的保障权利。不过，按照社会保险的经济效率原则和社会保险成果分配所通行的一般原则，在享受保障权利之前，必须履行各自应尽的义务。政府用于社会保险支出的那部分收入，是劳动者为社会提供的部分剩余劳动的积累和劳动者一部分必要劳动的集中，国家对社会保险事业以资金和物质支持，并不是国家机器本身产下的"金蛋"施惠于天下，而是对"取之于民，用之于民"的剩余劳动的再分配。可见，在社会保险关系中，劳动者相对于政府应扮演的角色是：第一，按规定享受由政府提供的最基本的社会保险保障；第二，参加创造物质财富和精神财富的活动；第三，发挥积极性、主动性和创造性，为国家、为社会提供更多更有效的剩余劳动；第四，依法缴纳各种税（费），尤其是社会保险税（费），为社会保险制度稳健运行提供物质基础。

二、社会保险机构与参保劳动者

社会保险机构是受国家政府委托，代表国家专门负责社会保险税（费）征缴、分配和管理的机关或单位。在国外，通常设有社会保障部、社会保障总署、劳动和社会事务部等。我国的社会保险管理机构设置是：全国设人力资源和社会保障局，省、自治区和直辖市设人力资源和社会保障厅局，地区和县设人力资源和社会保障局。

从社会保险行为产生的过程和结果看，社会保险机构与劳动者的关系类似保险合同关系中的保险人与被保险人之间的关系。社会保险机构作为社会保险关系一方当事人，享有受政府委托从事社会保险业的权利和履行社会保险职责的义务。第一，社会保险机构根据授权，依法按政策设计和推出社会保险产品供广大劳动者选择；第二，按规定负责向参保者收缴社会保险税（费），建立社会保险基金；第三，根据安全性和收益性原则，有效运营筹集的社会保险基金，确保社会保险基金增值，增大社会保险偿付能力；第四，社会保险事件发生后，根据权利与义务对等的原则，按照规定的时间、条件和标准给付社会保险金；第五，采取坚决措施，规避社会保险道德风险，对有意制造道德风险者，根据情节轻重和风险损失情况，分别给予经济处罚或追究刑事责任；第六，代表国家各级政府对社会保险活动进行管理，并依照规定，有权从社会保险负债收入中按比例提取一定的管理费，确保社会保险事业繁荣与发展。

参保劳动者作为社会保险关系一方当事人，在同社会保险机构的关系中，享有社会保险基本保障的权利，为实现这种权利，参保劳动者对于个人账户所形成的资产有权选择合适的投资管理人，因工作流动有权转移保障权，有权通过一定形式对社会保险机构的活动进行监督。与此同时，参保劳动者应根据参保项目按时足额缴纳社会保险税（费），有义务遵守社会保险法规和政策，自觉抵制和防范道德风险，维护社会保险的整体利益。

社会保险机构与参保劳动者的关系同政府与劳动者的关系有一定的联系，但存在明显的差别。从联系方面看，国家政府和社会保险机构存在委托和受托的关系，社会保险机构代表着政府的意志和利益，并且两者的基本任务和目标一致，即通过社会保险方式，向劳动者及其家属提供最基本的生存条件保障。从差异方面看，两者差别明显。第一，在社会保险关系中，政府是社会保险原则和政策的制定者和监督者，而社会保险机构则是社会保险原则和政策的具体实施者。第二，政府与劳动者同社会保险机构与参保劳动者的关系所反映的经济利益原则侧重点不一样。前者主要反映的是"取之于民，用之于民"的利益归属和公平原则，后者则主要反映社会保险权利与义务基本对等的效率原则。第三，两者提供的保障内容及保障水平不同。作为国家政府通过社会保险机构向劳动者提供的是"三大保障支柱"中的第一支柱保障，保障水平以保障全国所有劳动者最基本同标准的生活条件为限；作为社会保险机构所从事的活动就不仅仅局限于国家政府委托的保障项目，还应根据需要向广大公民提供"三大保障支柱"中的第二支柱和第三支柱的保障，保障水平则根据参保者的纳税（费）水平而定，高于或者低于政府提供的同规格的基本保障水平。第四，两种保险关系实现的形式略有区别。政府通过一定形式向劳动者提供保障是采取强制性方式，只要在法律规定范围以内的所有劳动者，不论其职业性质的收入高低，都一律参加保险和缴纳社会保险税（费），没有自由选择余地。而社会保险机构向劳动者提供的企业补充保险和个人储蓄性保险则不完全是强制的，参加与否以及何时参加，主要由企事业单位和个人自行决定。

三、企事业单位与参保劳动者

企业是从事商品生产、交换与服务的自主经营、自负盈亏、自我约束、自我发展的最基本的经济组织。事业单位是指受国家政府领导，通常不创造经济收入，依靠国家财政拨款的非生产部门。在社会保险关系中，由于事业单位与参保劳动者的关系同企业与参保劳动者的关系基本相似，因此，下面专门分析企业与参保劳动者的关系。

在社会保险关系中，企业与劳动者各自作为一方当事人，双方应尽的义务和享受的权利可以作如下分析：

（一）劳动者是企业生产与经营的主体，是企业剩余劳动的提供者

劳动者是企业生产与经营的主体和企业剩余劳动的提供者，这就意味着，企业生存与发展的条件和基础不是依靠企业原有的生产资料，而是依靠企业职工提供源源不断的活的劳动。基于这一点，在企业利益和企业职工利益趋同的条件下，劳动者应积极劳动，努力工作，并关心企业经营，参与企业管理和监督，创造出先进的企业生产力和较好的经济效益与社会效益。

（二）劳动者是企业经营成果的享受者

既然企业所拥有的新的物质财富和新的商品价值是劳动者创造的，那么，企业在扣除生产资料转移的那部分价值、应缴国家的那部分价值和维持与扩大再生产必需积累的部分外，剩余部分一方面应根据等价交换和按劳按要素分配的原则，向劳动者提供合理、公正的劳动报酬，满足劳动者的生存需要；另一方面，为保证劳动力再生产和改善劳动者的知识与技能结构，提高劳动者就业的适应能力，通过向社会保险机构或代理部分社会保险业务的有关部门或机构缴纳社会保险税（费），为劳动者提供企业补充保险保障以及会同政府部门向劳动者提供社会保险基本生活条件保障，保证企业劳动者的安全、享受和发展需要。

（三）企业从法人的角度看，是市场竞争的主体和生产经营与管理的组织者和参与者

为保证企业的生存与发展，并在激烈的市场竞争中处于有利的地位，企业有权要求企业内的所有人员为了企业利益提供更多的有效劳动和更多的剩余劳动，以扩大资本积累和丰富企业可持续发展的物质基础。但是，强调企业的生存发展利益，并不等于忽视企业职工的利益和需要。在现代市场经济社会，企业的利益和劳动者的利益在一定意义上是一致的，维护企业利益，能更好地保证劳动者个人的经济利益；保证了劳动者个人的利益，又能为企业创造出更多的经济效益。当处理企业利益与劳动者个人利益的关系时，劳企双方对此应有足够的认识。尤其是企业法人还应充分地认识到，在社会化大生产条件下，企业为保证社会再生产周而复始地进行除了积累相当数量的剩余劳动外，更应关心劳动者的切身利益和在生产上和消费上的需要。前面说过，劳动者的需要，包括生存、享受、发展和安全需要。生存和享受需要通过企业发放工资满足，发展和安全需要则部分地依靠企业为劳动者缴纳社会保险税（费）来满足，可见，企业为劳动者缴纳社会保险税（费）是企业维持和扩大再生产的必需。再说，企业按工资总额扣除的社会保险税（费），实质上是

劳动者的必要劳动和剩余劳动的一部分，不论数额多大，最后还得由包括被保劳动者在内的广大消费者来承担。因此，那种以各种困难为由，不愿意为职工投保或长期拖欠社会保险税（费）的做法，也是不合乎情理和错误的。

（四）企业、劳动者个人和政府三方共同构成尽社会保险缴税（费）义务的主体

从社会保险的目的、原则和特征看，企业、劳动者个人和政府三方分担社会保险的财政责任是合理的、必要的，至于三方各自分担比例的确定，则根据社会保险险种的性质、国家的社会保险政策以及三方各自占有的国民收入份额等因素来决定。

四、狭义社会保险关系建立的依据和基础

狭义的社会保险关系即社会保险关系当事人之间的关系，从上述内容看，其实质是社会保险关系当事人之间的一种经济利益上的分配与再分配关系。关于狭义社会保险关系建立的依据，就国际范围而言，在国际劳工公约和建议书的推动下，全世界绝大多数国家和地区都建立起了与本国本地区的情况相适应的社会保障制度，形成了各具特色的社会保险关系。

就国别而言，狭义的社会保险关系是根据各国的社会保险法规和社会保险政策建立的。我国的社会保障法规客观反映了中国的实际与全体公民的要求，明确了社会保险经济利益关系所指向的目标和对象，规范了社会保险关系当事人之间的权利与义务，经过多年的保险实践，初步建立起一种反映社会主义市场经济特征的新型的社会保险关系。

关于狭义社会保险关系建立的基础，至少有两个方面。第一，必须具备建立社会保障制度的物质条件和社会条件，就是说，社会保险关系的建立与社会保障制度的建立是一致的，是一个问题的两个方面，社会保障制度的建立需要哪些条件，社会保险关系的建立同样需要哪些条件。第二，社会保险关系中的各保险主体必须具有同一的社会保险利益。例如，对于国家政府来说，社会保险利益反映在政治利益和经济利益两个方面，即通过资助举办社会保险事业，能够确保社会经济生活和社会政治生活安定以及国家政局稳定；社会保险利益对于企业来说，缴纳一定量的社会保险税（费），却换来了企业的凝聚力、高效的生产力和强劲的市场竞争力以及持续增长的企业扩大再生产，为企业带来远远高于保险税（费）的社会财富；社会保险利益对参保劳动者个人来说，虽然缴纳的社会保险税（费）不多，但使参保劳动者及其家庭的基本生活条件、受教育条件和发展条件获得保障，消除了现代市场经济社会引发的并强加给劳动者的经济风险和后顾之忧。

第二节　社会保险同补充保险之间的关系

一、社会养老保险与补充养老保险

补充养老保险是指在政府强制实施的公共养老金或国家养老金制度之外，用人单位（包括企业、个体经济组织、国家机关、事业单位、社会团体等）在国家政策的指导下，根据自身经济实力和经济状况建立的，旨在为本单位职工提供一定程度退休收入保障的辅助性的养老保险制度。补充养老保险根据举办主体的不同可分为企业补充养老保险、机关事业单位补充养老保险等。其中，企业补充养老保险，又称企业年金；机关事业单位补充养老保险，又称公职人员补充养老保险、职业年金。

（一）补充养老保险的特点

第一，补充养老保险既不是社会保险，又不是商业保险，而是一种员工福利制度，是用人单位人力资源管理战略的重要组成部分，其补充性、商业化或市场化运作的特征不影响也不能改变其本质属性。

第二，补充养老保险是社会保障体系的重要组成部分，是实施养老保障"多支柱"战略的重大制度安排，补充养老保险与社会养老保险、个人储蓄性养老保险一起构成多支柱养老保障体系。

第三，补充养老保险的责任主体是国家机关、企事业单位、个体经济组织、社会团体等用人单位，是用人单位根据自身经济状况建立起来的单位保障制度，单位或职工承担补充养老保险计划的全部风险，国家或政府不直接干预补充养老保险计划的管理和基金运营，其主要职责是制定规则、依规监管。

在社会保险关系中，由于社会养老保险与公职人员补充养老保险的关系同社会养老保险与企业年金的关系基本相似，因此，下面专门分析社会养老保险与企业年金的关系。

（二）社会养老保险与企业年金的差异

社会养老保险在产品性质、政府责任、选择的自由度、筹资模式、缴费形式、经办机构、保障待遇水平、公平与效率的侧重点等方面与企业年金有着明显的不同。

1. 产品性质和政府责任不同

从产品性质来看，社会养老保险的养老金是公共产品（严格来说是准公共产品），而企业年金属于私人产品。产品性质的不同决定了二者的政府责任不同。从政府责任的方面来看，社会养老保险由政府提供财政兜底；而企业年金出现基金积累不足时，在供款基准制计划中由职工个人承担，在受益基准制计划中由雇主或计划受托人承担，政府一般不直接承担责任，政府的作用主要表现在推动立法、制定税收政策和适度监管等方面。

2. 选择的自由度不同

社会养老保险制度通常是强制实施的、统一的养老金计划，管理机构的经费纳入财政预算由政府安排，由政府机构进行管理；企业年金计划在大多数国家由企业自愿决定是否建立，并进行市场化运作，弹性较大，灵活性较强。

3. 筹资模式不同

社会养老保险一般有三种筹资模式，即现收现付制、完全积累制和部分积累制；而企业年金几乎均采用完全积累制，以个人账户方式记载每个职工企业年金的企业缴费、个人缴费以及投资收益、利息等全部资产，企业年金个人账户属于个人产权，不能调剂使用。

4. 缴费（税）的征收形式不同

从缴费（税）的征收形式来看，社会养老保险费（税）是由社会保险经办机构或地方税务部门征收；而企业年金的供款则是由企业年金计划受托人或账户管理人等专业机构负责征收。

5. 经办机构性质不同

从经办机构的性质来看，社会养老保险的管理运营一般都是由政府事业单位负责，即使有些国家将社会养老保险的部分职能委托给商业机构负责，如投资管理、基金托管等，但是管理权限依然属于具有官方性质的事业单位；而企业年金的管理运营由专业性商业机构负责，政府只是负责制定政策，依规监管。

6. 保障待遇水平不同

从保障待遇来看，社会养老保险的目标是保障公民年老时的基本生活需要，体现国家的责任；而企业年金的目标是对社会养老保险的补充，保障的是公民较高的生活标准。

7. 对公平与效率的侧重点不同

社会养老保险强调社会公平原则；而企业年金更注重效率原则，在企业内部人力资源管理战略中是具有激励机制的福利手段。

（三）社会养老保险与企业年金的共性与联系

1. 社会养老保险与企业年金同为现代多层次养老社会保障体系的重要子制度

如果说，社会养老保险制度被称为养老保险的第一支柱，企业年金则被称为第二支柱。二者的根本目的都是为了保障人们年老后的生活需要，消除人们的后顾之忧，稳定社会秩序，发展社会生产。

2. 政府都需要担任一定的责任

不管是社会养老保险还是企业年金，政府都需要承担一定的责任。在企业年金中，政府主要承担推动立法、制定税收优惠政策和适度监管等责任；在社会养老保险中，政府的责任除了推动立法、制定税收优惠政策、依规监管外，还有建立社会养老保险预算制度、具体经办社会养老保险事务、为养老基金运营提供政策和技术条件、提供财政兜底等。

3. 企业年金是对社会养老保险的有益补充

一般认为，80%的养老金替代率即可以使职工保持与退休前大体相当的生活水平。随着人口老龄化社会的到来，要想提高退休职工的生活水平，仅靠政府继续加大支付力度和基本养老保险的缴费恐怕是不现实的，只有推动企业年金的发展，形成对基本养老保险的有力补充，才是出路。

4. 社会养老保险与企业年金的合理结合则实现了公平与效率的结合

社会养老保险的目的是向所有老年人提供收入补偿，是在追求平等和收入再分配的基础上实现的，它主要考虑的是社会公平，排除退休前的工作性质差异及贡献差异，而将每一个社会成员高度抽象化后确定他们退休后基本一致的待遇水平。而企业年金的目的是通过差别分配来提高员工工作的效率，追求的是提高企业的竞争能力和盈利能力。二者的合理结合则实现了公平与效率的结合，体现了我国的社会主义性质，并且也满足了现阶段经济发展水平的需要。

5. 社会养老保险与企业年金之间此消彼长

国外的公共养老金替代率仅在40%左右，但由于有企业年金和个人储蓄性养老保险作为公共养老金的补充，因此养老金的整体替代率在80%左右。我国的养老保险体系中主要是社会养老保险在起作用，整体替代率基本上等于社会养老保险的替代率，企业年金的替代率比重过小。现行基本养老保险在整个养老社会保障体系中的比重过大，而企业年金根本就没有发展的空间根据世界性养老金改革的趋势，国家管理的公共养老金的比重应逐步降低，而由市场运作、政府监管的企业年金的比重应逐步提高。在未来，我国基本养老金的目标替代率应降低为50%左右为宜，以便为企业年金的发展留有一定的空间，届时企业年金的目标替代率将提高到30%左右，养老金的整体替代率在80%左右。

二、社会医疗保险与补充医疗保险

补充医疗保险是指在政府强制实施的基本医疗保险制度之外，雇主为进一步提高雇员医疗保障水平，根据自身经济实力和经济状况而建立的，旨在为本单位职工提供多层次医疗保障水平的补充性医疗保险制度。狭义的补充医疗保险制度是社会基本医疗保险制度的有益补充，一般由职工个人和用人单位共同筹集资金设立，职工自愿选择参加。广义的补充医疗保险在第四章第五节进行详细叙述，这里不做赘述。这里讨论的内容特指狭义的补充医疗保险。

（一）狭义补充医疗保险的特征

补充医疗保险从其包含的主要内容看，具有以下特征：

第一，补充性是补充医疗保险的基本特征。补充医疗保险制度是介于社会医疗保险和商业医疗保险之间的一种保险形式，补充性是其最本质特征。在一个完整的多层次医疗保险体系中，基本医疗保险制度是整个医疗保险体系的主体与核心，补充医疗保险制度是其中不可或缺的组成部分，起到重要的补充与完善作用，是构成多层次医疗保障体系的核心和基础。

第二，以自愿性为基本原则。相对于基本医疗保险制度而言，自愿性或非强制性是补充医疗保险制度的鲜明特征。用人单位是否举办补充医疗保险，职工个人是否参加补充医疗保险，参加什么形式的补充医疗保险制度，都是以自愿性为基本原则的，不带有强制性，国家或政府不直接干预补充医疗保险制度的运行与管理。

第三，一般地，补充医疗保险是根据当地的经济发展水平、人均收入分配状况、人口结构、疾病发病率等实际情况和医疗消费需求来制定的，其目的在于满足不同群体对医疗消费的多样化需求，实现职工之间在疾病医疗上的互助互济。

第四，补充医疗保险制度一般是有条件的用人单位在参加基本医疗保险制度的基础上，根据自身经营状况为其员工建立的一种补充性质的医疗保险制度，其目的在于进一步提高职工的医疗保障水平，满足员工更高层次的医疗保障需求。从这个角度来讲，可将补充医疗保险视为企业福利制度的一项重要内容，建立补充医疗保险制度，有利于进一步提高员工的福利待遇水平，调动和激励员工的工作积极性和创造性，增强员工对企业的凝聚力和向心力。

（二）社会医疗保险与补充医疗保险的共性

1. 目的相同

补充医疗保险与基本医疗保险虽然具有不同的功能与作用，但两者都是现代多层次社会医疗保障体系中的重要子制度，其根本目的是一致的，即满足参保人的医疗保障需求，保护参保人的身体健康，减轻疾病风险发生后参保个人及其家庭的经济负担与后顾之忧，进而提高劳动生产率，促进生产发展，维护社会稳定。

2. 运行机理相同

虽然补充医疗保险与基本医疗保险满足的是不同层次的医疗保障需求，但两者都是对因健康原因（疾病、意外伤害等）引起的费用支出或收入损失进行补偿和给付的制度，两者遵循着相同的运行机理，比如都遵循"大数法则"机理，都参照相似的"疾病谱"等。

3. 责任主体相似

职工个人、用人单位、政府是社会医疗保险制度与补充医疗保险制度的三大责任主体。在两种制度中，职工个人和用人单位是主要的筹资主体，政府都需要承担一定的责任。不过，政府在两种制度中承担的责任大小略有不同，在补充医疗保险制度中，政府主要承担制定相关政策、法规条文，及时立法、严格监管的主要职责，而在社会医疗保险制度中，政府除以上责任外还承担着社会医疗保险经办，以及财政兜底的职责。

（三）社会医疗保险与补充医疗保险的差异

与社会基本医疗保险制度相比，补充医疗保险在以下几方面存在差异：

1. 性质不同

基本医疗保险是国家根据宪法制定，强制实施的社会保障基本项目之一，不取决于参保人的意愿，而补充医疗保险是用人单位或行业根据自身情况专门为本单位或本行业职工所建立的针对特定群体的医疗补充保险制度，保险契约的产生以职工个人自愿参保为前提。

2. 权利与义务关系不同

基本医疗保险制度是社会保险制度中的核心组成部分，其目的在于实现医疗风险的社会统筹、社会共济，带有明显的福利特性、互济性和公平性，在缴费水平与享受待遇上不直接体现权利与义务对等的原则。补充医疗保险是为适应不同缴费能力的单位和个人参保而设立的更高层次的医疗保险制度，具有非福利性、有偿性的特点，体现的是补充医疗保险举办机构与参保人之间的经济利益关系，充分遵循权利与义务对等原则。

3. 待遇水平不同

基本医疗保险提供的是面向社会大部分群体的基本医疗保险制度，保障的是参保者的基本医疗服务水平，参保者享受的医疗保险待遇水平要随国家和地区经济发展情况、生产力水平、财政状况、物价水平等因素的变化而调整。补充医疗保险的产生与发展源于更高层次的医疗保险与医疗消费需求，其保险待遇的给付水平一般只与参保人缴费、用人单位经济效益相关，这体现了两个制度在医疗保障水平上的差异性。

4. 功能不同

基本医疗保险与补充医疗保险都是多层次社会医疗保险体系中的重要组成部分，但是两者所承担的制度功能有着显著差异。在社会医疗保险体系内，补充医疗保险是基本医疗保险制度的必要补充，是基本医疗保险制度之外，针对不同参保群体不同层次的医疗消费需求所举办的补充医疗保险制度，是对基本医疗保险的一种有效辅助措施，相对于基本医疗保险更注重公平而言，其更注重效率原则的运用。

三、工伤保险与补充工伤保险

补充工伤保险是指用人单位在依照有关规定参加工伤保险的基础上，为提高职工工伤待遇水平，更好地分散职业伤害风险而建立的一种补充性职业伤害保险制度。其目的在于提高职工的工伤待遇水平，加大工伤补偿力度，更好地为职工提供多层次的工伤保险补偿。

（一）补充工伤保险的本质特征

补充工伤保险从其包含的主要内容看，具有以下特征：

第一，补充性。补充工伤保险制度是为了满足劳动者更高层次的工伤补偿需求，是对基本工伤保险制度的有益补充。在一个完善的工伤保险体系中，基本工伤保险制度是整个体系中的基础与核心，补充工伤保险与商业性工伤保险是必要的补充。

第二，以自愿选择为基本原则。相对于基本工伤保险制度而言，自愿性、非强制性是补充工伤保险制度的鲜明特征。用人单位是否举办补充工伤保险？举办补充工伤保险的形式与保障水平？职工个人是否参加补充医疗保险？都是以自愿性为基本原则的，不带有强制性。

第三，补充工伤保险制度一般是有条件的用人单位在参加基本工伤保险制度的基础上，根据本企业工伤风险发生概率及经营状况为其员工建立的一种补充性质的工伤保险制度，其目的在于进一步提高职工遭遇工伤事故或职业伤害时的医疗保障和基本生活保障水平，为员工提供更高水平的工伤补偿，也有利于工伤事故的妥善处理和尽快恢复生产。从这个角度来讲，工伤保险也是企业福利制度的一项重要内容。

（二）工伤保险与补充工伤保险的共性

1. 目的相同

补充工伤保险与基本工伤保险制度一样，都是在职工发生工伤事故或职业伤害致伤、致残、死亡后，对受害者或其遗属提供物质补偿的制度。两者的保障对象都是遭受职业意外伤害的职工，保障内容都是遭受职业伤害职工的治疗与康复。

2. 运行机理相同

虽然补充工伤保险与基本工伤保险提供的是不同层次的工伤给付赔偿，但两者都是对因职业事故或职业伤害等原因引起的医疗、康复费用支出及误工费等收入损失的补偿与给付，两者遵循着相同的运行机理。

（三）工伤保险与补充工伤保险的差异

1. 作用不同

完善、成熟的工伤保障体系建设的目标应该是建立以工伤社会保险为基础，补充工伤保险为补充的多层次职业风险保障体系。补充工伤保险是在国家法定工伤保险之外，由职工互助工伤补偿基金给予职工物质帮助的特殊工伤保障制度，是对法定社会保险中工伤保险待遇的有益补充。

2. 实施方式不同

作为社会保险制度中的一项重要组成部分，基本工伤保险制度是国家强制实施的，法定范围内的参保对象必须参加的社会基本保险制度之一。而补充工伤保险制度是用人单位或行业根据自身情况专门为本单位或本行业职工所建立的针对特定群体的工伤补充保险制度，保险契约的产生以职工个人自愿参保为前提。

3. 保障水平不同

工伤保险制度的待遇水平一般是根据社会整体经济发展水平和参保主体的缴费承受能力等制定的，给付工伤补偿待遇时，不仅要考虑劳动者当前及今后的基本生活需要，还要依据劳动者过去劳动贡献价值的大小。其工伤补偿水平一般是以保障劳动者及其家属的基本生活需要为标准，高于生活贫困线，低于劳动期间的工资标准。而补充工伤保险给付的金额是由参保人与保险人双方事先约定的，参保人按合同规定的金额缴纳保险费，当工伤事故风险发生时按事先约定好的保险金额领取工伤补偿，遵循"多投多保、少投少保、不投不保"的基本原则。

4. 功能不同

工伤保险与补充工伤保险都是多层次工伤保险体系中的重要组成部分，但是两者所承担的制度功能有着显著差异。在工伤保险体系内，补充工伤保险是基本工伤保险制度的必要补充，是工伤保险制度之外，针对不同参保群体不同层次的工伤事故与职业病伤害的发生概率及补偿需求所举办的补充工伤保险制度，是对工伤保险的一种有效辅助措施，相对于基本工伤保险更注重公平而言，其更注重效率原则的贯彻。

第三节　社会保险同其他经济保障范畴之间的关系

一、社会保险与社会救济

社会救济是指国家对那些因社会、自然、经济、个人生理和心理等原因而造成生活困难，以致无法正常生存的公民给予资金或物质帮助，使其克服困难、摆脱困境的一种社会保障制度。在社会保障制度中，社会救济的历史最为长远，它可上溯到远古和中古时期的各种慈善事业及国家实施的各种救灾备荒措施。事实上，早期的社会保险事业（即社会保险的萌芽形式和初级形式），多以社会救济的形式出现。随着商品经济关系的确立与发展，社会救济的内容更丰富，其措施更完备，制度更健全，成为缓解现代社会矛盾，促进社会文明与进步的不可缺少的调节机制。

（一）社会救济的本质特征

社会救济从其包含的主要内容看，具有以下特征：

1. 社会救济同社会保险一样，具有较强的法制性和政策性

社会救济从救济的范围、对象、内容，到救济的形式和标准，均受各国政府制定的法律和政策调控。

2. 社会救济因社会制度不同而具有不同的意义

在以剥削为基础的社会里，社会救济被看作国家对公民的恩赐，富者对贫者的施舍，接受救济者将丧失自己部分或全部社会权利，并且个人的名誉、地位和人格受到严重损害。在社会主义社会，由于消灭了剥削制度，建立了新型的社会关系和经济关系，因此，社会救济成为人们应得的社会帮助和应享的权利；对于国家和社会来说，社会救济不是自上而下的恩赐，而是它们应负的社会责任和应尽的义务。尤其在我国，社会救济工作不只

是提供资金或物质帮助，单纯地解决生活问题，它还扶持部分有一定生产和经营条件的救济对象发展生产，实现生产自救，以摆脱贫困，减少消极因素和对救济的依赖性。可以看出，社会主义国家救济体现了社会主义人道主义和互助共济的集体主义，体现了政府对人民的关心、爱护和为人民服务的宗旨，体现了劳动人民既是生产资料的所有者，又是劳动成果的占有者和享受者的主人翁地位。

3. 社会救济的直接对象是特殊群体

社会救济虽然是每一个公民应享的权利，但是，社会救济的社会效用只是在公民因各种原因不能维持最低生活水平时才产生的，这就要求社会救济的管理部门有一套完整科学地确定公民生活是否陷入困境的工作制度，以防止社会救济工作的随意性、盲目性和社会负效应。由此也说明，确定社会救济对象所通行的不是普遍性原则，而是有选择的个别性和部分性原则。就是说，社会救济的直接对象不是所有人，它只能是那些无力谋生的孤、寡、老、弱、病、残者和遭遇意外事件而生活发生特殊困难的人们。

4. 社会救济的资金、实物来源与救济标准

由社会救济特有的权利与义务关系所决定，社会救济的资金与实物来源，主要由政府提供，同时接收各社会团体、各经济单位和国际组织与个人的资助，以充实救济基金。社会救济的标准，由各国根据国家的财政经济状况、所筹集的救济基金和城乡人民的生活水平来决定，一般以保证被救济对象的最低生活需要为原则。

5. 社会救济的形式与种类

社会救济的形式与种类，各国没有统一的规定，通常依据现实生活中出现的贫困原因、贫困性质及贫困持续的时间来划分。如贫困现象有长有短，则可分为定期或长期救济和临时救济；贫困现象由自然灾害意外事故、市场与行业竞争、个人生理与心理、个人能力与人们为社会尽义务等原因引起的，则可分为灾害事故救济、失业救济、老弱孤寡病残救济、城乡困难户救济和优抚救济等。

（二）社会保险与社会救济的共性

社会救济同社会保险有某些近似的地方，突出表现在：

首先，社会保险和社会救济共同构成社会保障制度的主要内容。其根本目的都是为了保障人们遭遇事故、收入中断时的基本生活条件，消除人们的后顾之忧，稳定社会秩序，发展社会生产。

其次，社会保险与社会救济都具有较强的法制性和政策性。社会救济同社会保险均为社会震动的"减震器"和阶级统治的"稳定器"与"安全网"，都是统治集团实施社会政

策和经济政策所必须利用的工具。

再次，社会保险同社会救济一方面由生产决定，即社会救济的规模、范围、形式和救济水平受制于一定生产力水平；另一方面，社会救济对生产具有反作用。

最后，社会保险也部分地贯彻了社会救济的原则。社会保险，尤其是社会主义国家的社会保险，一方面坚持权利与义务对等原则，即劳动者领取的社会保险金数量与他们过去扣除的必要劳动量相等；另一方面，在现实生活中，社会保险又部分地贯彻了"互助共济"原则。人们常说的社会保险基金统筹使用，实际上是指社会保险基金由投保劳动者共储，由政府在全体投保劳动者之间相互调剂使用。对于每一个被保险人来说，他们享受社会保险待遇的权利与他们承担的义务并不是绝对相等的。有的被保险人享受的权利可能大于所承担的义务；相反，有的被保险人享受的权利可能小于所承担的义务等。这样，在社会主义制度下，社会保险基金的筹集和使用，在很大程度上发扬了社会主义国家劳动者之间互帮、互助、互济精神，体现了社会主义市场经济条件下人民新型的合作互利关系。

（三）社会保险同社会救济的差异

社会保险与社会救济是具有不同性质与特征的两种社会保障形式，它们之间的差异主要有：

1. 产生的历史不同

现代社会保险产生于商品经济高度发展、资本主义由自由竞争向垄断阶段过渡的 19 世纪后期，距今只有 100 多年历史，而有章法、有组织的社会救济形式，自国家出现后的远古自然经济时代就存在了。

2. 保障所体现的权利与义务关系不同

社会保险强调权利与义务对等原则，参加社会保险者，必须先尽缴纳保险税（费）的义务，然后才享有领取社会保险待遇的权利，权利与义务关系较密切。社会救济则不讲求权利与义务对等关系，只强调国家和社会对个人的责任和义务。为此，救济金领取者只有受惠的权利，无纳税（费）义务，所享受的权利与义务之间没有直接联系。

3. 保障对象不同

社会保险保障的主要对象是依法规定的有固定职业与正常收入的劳动者和其他工作人员，对丧失工作能力和失去劳动条件与机会等风险事故承担给付保障责任。社会救济的主要对象则是无力谋生的孤、寡、老、弱、病、残者，或者无固定职业和正常收入的人们，当他们的生活陷入困境，或收入减少，无法维持正常生活时，国家和社会承担救济保障责任。

4. 保障资金来源不同

社会保险基金依靠劳动者个人、企事业单位和政府三方面筹集，绝大部分来源于劳动者的必要劳动。社会救济大部分由政府拨款和社会赞助，小部分由某些专项基金支拨，它基本上来源于劳动者提供的剩余劳动。

5. 保障水平确定的依据和标准不同

社会保险给付的待遇标准一般由保障对象原有的生活水平、尽纳税（费）义务大小和国家的财政实力决定，因此，社会保险给付能保证被保险人的基本生活需要。确定社会救济的待遇标准则不考虑被救济对象原有的生活水平，主要根据各地政府的经济实力大小和已经筹集的经费来确定与调整。这就决定了社会救济的待遇标准通常低于社会保险给付水平，它只能满足被救济者的最低标准的生活需要。

6. 保障提供的物质内容不完全相同

社会保险给付的物质内容主要是货币，小部分采取劳务的形式；社会救济除支付货币外，很大部分以实物和劳务的形式供给。

7. 保障行为方式不尽相同

在社会保险关系中，大部分保险事故（如年老、残疾、死亡、疾病、生育、家庭困难等）发生后，由社会保险机构依法按事先约定的条件和标准自动履行保障给付义务。社会救济则不同，当需要救济的事件发生后，首先须由个人或单位提出申请，经有关方面调查、审核、确认，上级主管部门批准后，才履行救济义务。相反，如果个人或单位不提出救济申请，则作为自愿放弃救济要求处理。

可见，社会保险与社会救济既有同一性，又有差异性，阐明两者这种关系，目的在于区别两个概念，加深认识两个范畴各自的本质规定性，以利于有关部门根据社会保险和社会救济不同的发展要求与需要，制定不同的法规和政策，防止将社会保险救济化，而助长人们只求索取不尽义务的观念，加重国家和社会的负担。

二、社会保险与社会福利

社会福利，是指国家和社会根据需要与可能，通过一定形式向人民提供的物质利益。社会福利内涵丰富，外延广泛。从广义上说，它包括所有维持、改善、提高人民物质和文化生活水平的保障措施，如消费品分配、社会保险、社会救济以及一切公共消费等，都可称之为社会福利。从狭义上讲，社会福利是指除社会保险和社会救济以外的其他所有能改善和提高人民生活水平的保障措施与公益性事业。这里分析的是狭义的社会福利。

社会福利作为一种制度，是人类进入工业化社会后产生和发展起来的。在此之前，福利只是作为一种"善"与"恶"的社会道德规范与个人责任，在局部范围内和个别场合发挥作用。随着工业社会的形成和发展，社会保险应运而生，并通过社会实践，在一定程度上消除了政府利用其他手段不能避免的社会震荡，确保了商品经济更大的发展。与此同时，社会福利事业也获得了发展，主要表现在：第一，福利不再是支离破碎的缺乏社会吸引力的局部慈善行为，而是通过政府立法并组织实施的现代社会福利制度；第二，福利提供的内容不单是物质生活方面的需要，还包括精神生活和个人全面发展方面的需要；第三，就福利思想来说，古代占统治地位的行善积德、祈求上帝赐福等观念，已让位于"福利经济"理论和"福利国家"理论。总之，由于社会福利的积极作用与客观效果，使它同其他社会保障措施一样，成为现代文明与进步的一面镜子，深受各国政府重视，各自都建立了一套社会福利制度。

（一）社会福利的特征

1. 社会福利具有普遍意义

从政治意义上看，社会福利作为实施政策的工具，为统治阶级和各种政治势力实现某种目的服务。从经济意义上看，社会福利属于再分配范畴，是消费品分配的一种补充形式。大家知道，有些消费资料与内容，如学校、医院、幼儿园、托儿所、孤儿院、养老院、康复中心、文化中心、游乐场所等，是不可能以工资形式分配的，只能以国家、集体或职业福利的形式分配给劳动者。从社会意义上看，社会福利作为一种社会进步事业，是最为政府关注和人民最乐于接受的社会保障措施。同时它的存在不以社会制度的性质为转移，不论社会制度如何更替，社会福利在人们生活领域总是占有一席之地。传统的慈悲、慈善、仁爱思想和互助共济的社会伦理道德观念，在人类历史上延续了几千年，它根深蒂固，具有相对的独立性。这些思想和观念不仅影响到普通人的行为，而且对统治者制定政策也产生了积极影响。

2. 机会均等，待遇平均

首先，社会福利保障没有特定的对象，凡属国家法定范围内的公民都有权享受福利待遇。其次，社会福利提供的保障项目对每一个劳动者来说都是一致的，不受职业、年龄和性别的限制。如国家开办的医院、学校和福利工厂，社区建立的各种福利设施等，人人都可以根据需要享受。最后，社会福利提供的待遇标准是同一的。如我国过去的地区补贴、过渡性价格补贴和其他生活、生产、交通、出差等津贴，包括社区和企业在一定范围内提供的福利性津贴，对所有享受者只有同一个标准，不存在一部分人高，另一部分人低的问题。

3. 权利和义务脱节，保障侧重服务性

社会福利是一种公共产品，其所需经费来源于国家拨款、社区自筹、企业提留和福利工厂本身的积累，作为受益者个人不直接承担任何义务。因此，社会福利关系所体现的也不是权利与义务对等的关系，同其他社会保障措施相比，则更强调国家和社会对个人的义务和责任。在保障方式上社会福利也提供一定数量的货币，但更多的是提供服务和设施。可见，社会福利侧重满足人民享受和发展的需要，为保障劳动者的全面发展提供条件。

（二）社会保险与社会福利的共性

1. 社会福利同社会保险和社会救济共同构成社会保障制度的主体

社会福利同社会保险和社会救济共同构成社会保障制度的主体，其直接目的都是为了保证人们的基本生活条件，丰富人们的消费内容和提高人们的消费水平与消费质量。

2. 社会福利同社会保险和社会救济都是国家社会政策和经济政策的重要组成部分

在资本主义国家，随着社会生产力进一步发展，资本主义基本矛盾日益尖锐化，劳资关系日趋紧张，为调和和缓解矛盾，维护资产阶级统治，资产阶级政府被迫立法和制定措施，举办社会保障事业。于是资本主义国家的社会保障政策也就成为资产阶级政府制定的旨在实现资本主义基本经济规律、延续和发展资本主义制度的政策的一部分。不仅如此，在资本主义国家，社会保障各项目还常常成为竞争、竞选必须运用的筹码和经济大亨们成为政治主宰的"敲门砖"。在社会主义国家里，虽然消灭了剥削制度，建立了以生产资料公有制占主导地位的经济基础，但是，生产力和生产关系的矛盾、经济基础和上层建筑的矛盾、城市和乡村的矛盾、体力劳动和脑力劳动的矛盾，以及生产和需要的矛盾等，还将长期存在。社会主义国家为淡化和化解上述矛盾，在利用和改造旧的社会保障体系的基础上，采取积极措施，大力发展社会主义社会保障事业，毫无疑问，社会主义社会的社会保障也是执政党和政府制定的旨在实现社会主义基本经济规律，巩固和发展社会主义制度的政策的重要组成部分。

3. 社会福利与社会保险和社会救济一样，同生产力是一种作用与反作用的关系

首先，一国的社会福利提供的形式、内容，以及福利的水平和质量，是由该国的经济水平和财政实力决定的，一般来说，在社会制度相同的国家，谁经济水平高，财力雄厚，谁的福利水平就高。其次，社会福利对生产又有反作用，它表现在：第一，人们福利水平提高，能增强社会的凝聚力，调动人民群众参加经济建设、努力发展生产的积极性。特别是那些生产性福利措施，直接扩大了社会再生产。第二，由于社会福利产品的消费具有非排他性、非竞争性和普遍存在的"搭便车"现象，于是，当社会福利水平超过一定限度

时，就会加强人们的依赖心理，削弱人们的劳动积极性，对提高社会生产力产生不利影响。

4. 社会福利水平同社会保险保障水平一样，对经济水平缺乏弹性

社会福利水平虽然受制于一定的生产力发展水平和各国的财政状况，但是，社会福利的待遇标准一旦确定，由于人们受"保利护权"心理影响，很难再把它降下来。因此，在判定社会福利计划和确定福利待遇标准时，务必从实际出发，统筹兼顾，把人民的目前利益与长远利益、局部利益与整体利益、个人利益与集体和国家利益有机结合起来，防止出现脱离实际，只顾眼前利益的高福利标准，保证社会福利事业稳定地循序渐进地发展。

（三）社会保险与社会福利的差异

1. 保障的对象不同

社会保险和社会救济以特定范围内的人们为保障对象，而社会福利则以全社会的公民为保障对象。

2. 经费来源不完全相同

社会福利同社会救济一样，不要求受益人尽缴纳税（费）义务，它所需要的经费主要依靠社会筹集和企事业单位自筹，部分由各级政府财政拨款。

3. 分配原则不同

社会保险基金分配通行的是权利与义务基本对等原则，被保险人领取的保险待遇与其为社会保险基金筹集的贡献直接相关。社会福利待遇的分配则不考虑享受者对社会福利事业的贡献，多以人人有份的平均分配为原则。

4. 满足需要的层次不同

社会保险是为被保险人提供基本生活保障，主要满足人们的生存与安全需要。而举办社会福利事业是为了提高人民的消费水平和消费质量，主要满足人们的发展和享受需要。

5. 保障提供的物质内容不完全相同

社会福利提供的物质内容不像社会保险那样以货币形式为主，而是以各种服务及服务设施为主。

需要强调的是，阐明社会福利同社会保险的关系，其意义不只是为了区别两个概念，掌握两个概念各自的本质规定性，而在于：

（1）确保社会福利事业良性发展

社会福利从某种意义上说，贯彻没有任何前提条件的普遍性原则，人为因素在全部过程中发挥着重要作用。不过，社会福利事业的发展毕竟要受到一定的经济条件和人们思想觉悟程度的限制和制约，如果社会福利水平超出这种限制，盲目提高标准，从长远看，由于脱离实际和超前消费，必然加重国家和企业负担，社会也难以承受。于是，国家为寻求生产发展和利益分配之间的平衡，最后不得不砍掉一些福利项目和降低某些福利待遇标准。这样做的结果又如何呢？国内外的经验证明，它不仅会引起人民群众对政府不满，影响安定团结，而且还会使社会福利事业大起大落，不利于其正常发展，最终损害人民的长远利益。

（2）保证社会福利终极目的的实现

现代社会福利事业不是古代社会那种人们顺从上帝的意志的慈善行为，而是作为一种社会调节机制，发挥着调节社会现实矛盾和社会政策的巨大功能。因此，任何一个国家的社会福利计划，都有其特定的终极目的性。这就是：通过实施社会福利计划，使人们亲身体会到社会发展与进步的意义，以及每一个人存在的社会价值，感受到人人都具有向社会正当索取的权利，从而培养人们的社会责任感和整体意识，增强社会的凝聚力。如果不区分社会福利与社会保险，把社会福利社会保险化，讲求直接的义务和权利对等关系，显然是达不到社会福利的终极目的的。

三、社会保险与人身保险

人身保险，是以人的生命、劳动能力或人身健康作为保险对象（保险标的）的一种保险。按照保险合同规定，当被保险人在保险有效期内因意外事故而致伤残、死亡，或保险期满后，由保险人按约给付保险金。人身保险从社会意义上说，它是人类社会以合作互助的方式，共同分担风险的一种社会活动；从保险经营者方面来说，它又是以获取最大经济效益为目标的商业性经营活动。人身保险是人类社会进步的具体表现，是社会生产力发展的必然产物。

人身保险的种类，依据不同划分标准，可以分为不同类别。如按实施形式分类，可分为强制保险（如我国的旅客意外伤害保险）和自愿保险；按投保对象的层次分类，可分为普通个人人身保险、团体人身保险和简易人身保险。但是，就人身保险的本质内容、保险范围和所应对的风险而论，主要分为以下三种：（1）人身意外伤害保险。被保险人因意外事故而致伤残、死亡或丧失劳动能力时，由保险人按照合同规定给付保险金的保险。（2）疾病保险。又称医疗保险或健康保险。是一种承保被保险人因意外事件受伤或身患疾病，以致丧失工作能力，由保险人按约支付医疗费用或给付保险金的保险。（3）人寿保险。它主要分为死亡保险、生存保险和两全保险。死亡保险是在保险有效期内被保险人死亡，由保险人按约给付保险金；生存保险是在约定保险期届满而被保险人仍健在时，由保险人按照规定给付保险金；两全保险，也称储蓄保险，它是指被保险人在保险有效期间死亡，或保险期届满后继续生存，均由保险人给付约定保险金。可见，两全保险包括了前面两项保险的内容。

（一）人身保险的基本特征

1. 人身保险的保险期限较长

一般保险（社会保险除外）合同大多以一年或一个航程为限，而人身保险中的人寿保险合同通常是一种长期性给付合同，短则十几年，长则几十年。保险期限长，不仅能使被保险人以较少的保险费获得较多的保障，而且随着保险期限延长，保险给付时间后移，可为国家积聚和提供更多的长期使用的建设资金。

2. 人身保险金额只能由保险关系双方协商确定

作为一般财产保险的标的——财产，是人类劳动的凝结物。而人身保险的标的——人的生命、劳动能力和人身健康的价值，是不能用货币来衡量的，其保险金额只能根据被保险人的实际需要和经济负担能力，由保险人和被保险人协商确定。

3. 人身保险费率制定的根据是预定死亡率和预定利息率

大家知道，制定财产保险纯费率的根据是财产平均损失率（或损失概率），而人身保险，因保险期限长的特点，其纯费率的制定，除依据生命表的预定死亡率以外，还需要以一定的预定利息率为基础。在其他条件不变的情况下，预定利息率较高，则保险费率较低；反之，预定利息率较低，则保险费率较高。

4. 计算保险费采用"均衡保费法"（又称平准保费法）

就风险而言，人寿保险风险与一般财产保险风险存在一定的差别。财产保险在社会政治和经济条件不变，以及保险标的本身无多大变动的情况下，每年发生风险事故的概率及其由此决定的保险费率也不会有很大的变化。与财产保险不同，人寿保险的主要风险是死亡，而死亡风险是随着年龄增长而逐步增加的，因此，人寿保险的保险费率亦随着被保险人年龄的增长而逐年提高。就是说，被保险人在年富力强时，只需缴纳少量保险费，可到年老、劳动能力减退时，反而要缴纳更多的保险费。为了避免费率频繁变动，节约保险公司的人力、财力和物力，并使被保险人不致随年龄增长而增加保费支出的困难，凡人寿保险，基本上都采用均衡保费法计算缴纳保险费，即被保险人在保险有效期内，每年按平均数额缴纳保险费。这样，被保险人在青壮年时期实际缴纳的保险费比应该缴纳的保险费要多，到年老时，实际缴纳的保险费比应缴的保险费要少。从这一特征看出，人身保险具有较强的储蓄性和保障性。

5. 支付的保险金与事先约定的保险金基本一致

人身保险从学科的某种意义上说，是一门精算科学。它从保险费率的厘定、责任准备金的计算到保险金给付，都需要经过精算才能完成。加之人身保险金额是保险关系双方事先协商确定的，因此，当保险事件发生或保险期满后，保险人实际支付的保险金与约定的保险金可达到数量上的平衡。对于其他保险，如财产保险，由于受各种因素的影响和制约，其实际支付的赔偿金与约定的保险金之间通常是不一致的。

（二）社会保险与人身保险的差异

从社会保险与人身保险的基本内容及其特征可以看出，在保障人民生活安定、保证社会再生产顺利进行、促进社会经济繁荣这个最终目的上，社会保险与人身保险是一致的。但是在其性质、举办方式、保障范围、保险责任和法律范畴等方面，两者存在明显的差别。主要有以下几个方面：

1. 性质不同

（1）保险保障的目的不同

社会保险主要是以保障被保险人基本生活条件为目的的非营利性保险，人身保险则是以营利为目的的商业性保险。

（2）保险保障功能所依赖的资源不同

作为社会保险，保险资金的来源一般是个人、企事业单位缴纳的保险税（费）和政府必要的补贴。因此，社会保险功能所依赖的是全社会的资源；而人身保险的保险金，不仅全部由被保险人负担，而且保险企业的营业和管理费用也在所收保费项下开支，因而，人身保险功能所依赖的是单个人资源的集合。

（3）保险保障功能辐射的面不同

社会保险的对象是法律规定范围内的所有参保人及其他社会成员，保障的是全体劳动者及其家属的基本生活，其保障功能辐射的面比较广。作为人身保险的对象仅仅是具备了投保条件的单位和个人，保障的只是一部分人的经济生活，其保障功能辐射的面较窄。

（4）保险保障基于的责任范围和尺度不同

社会保险是基于整个社会全体劳动者的责任而谋求生活保障，责任范围和尺度是社会全体劳动者。作为人身保险，则是基于单个人的责任而谋求生活保障，责任范围和尺度是个人。

（5）举办的主体不同

作为社会保险，举办的主体一般是国家各级政府，而人身保险举办的主体通常是具有法人资格的经济单位或社会团体。

（6）保险保障实施的形式和采用的手段不同

社会保险是通过各种立法形式加以实施，它要求，凡在法律规定范围内应投保的人们，必须一律参加，没有任意选择的余地，其手段是强制性的，属强制性保险。人身保险则是通过各种契约形式加以实施，除少数险种外，大多数险种保险关系双方可以自由选择，其手段是非强制性的，属自愿性或任意性保险。

（7）保险直接目的的二重性偏向不同

作为社会保险的直接目的，一是为贯彻和实施国家的各项社会政策和经济政策；二是社会保险单位也要考虑投资盈利，扩大保障基金。但二重目的的偏向是为贯彻实施国家的各项政策服务。作为商业性人身保险的直接目的，一是为了获得利润，壮大保险基金，保证保险企业的发展；二是保障人民生活和社会再生产顺利进行。应当承认，从一定意义上说，商业性人身保险这二重目的是统一的、不可分割的，但是，作为保险企业在同行业竞争中，直接目的的偏向则是如何获取更多的利润。

2. 保险的权利与义务关系略有不同

凡被保险人，首先必须尽缴纳保险税（费）义务，才能享有支取保险金的权利。这一点，社会保险与人身保险是一致的。但是，社会保险给付金以能保证被保险人最基本的生活需要为标准。因此，对于按工资的一定比例或按工资等级缴纳保险税（费）的被保险人来说，他们所领取的保险给付金与所缴纳的保险税（费）数额并不是正比例关系，即保险权利与义务对等的关系体现不充分。而人身保险的被保险人则根据投保金额领取给付金，于是，被保险人缴纳的保险费与其所支领的保险金成正比例，即保险权利与义务对等的关系体现较充分。

3. 保险人的保险责任不同

社会保险机构是各级政府设立的专门机构，保险人从某种意义上说，是政府贯彻社会政策和经济政策的代理人。因此，社会保险财务的最后责任是由政府承担的，保险人一般不会面临财务收支失衡风险的威胁。即使保险财务严重亏损，对保险人与被保险人的利益并无多大影响。人身保险机构，从其经济性质而言，属普通经济组织，保险人除了对国家、对社会承担义务外，对本单位也负盈亏责任。如果经营不善，或者保险投资失败，造成财务严重亏损，以致无法继续经营时，便须申请停业，依法宣告破产。

4. 保险受益人的资格界定不同

作为社会保险，为确保被保险人及其家属的基本生活，对保险受益人的资格条件都有严格的规定，被保险人不得任意指定，保险给付也不得转让或赠送他人，必须由法定的受益人支取。而人身保险不同，人身保险的受益人，可以由被保险人任意指定，保险给付金也可以转让或赠送给其他任何人。

5. 立法范畴不同

社会保险涉及的是国家的各种社会政策、经济政策、文化教育政策和劳动工资与福利政策，反映的是国家、企事业单位和劳动者个人三者之间的物质利益关系，体现的是社会成员劳动、学习、生存、享受和发展的基本权利，因此，社会保险主要受国家根本大法——宪法的制约和调整，它属于社会立法范畴。在市场经济条件下，人身保险关系主要是保险人与被保险人之间的商品交换关系，保险关系中双方享受的权利和承担的义务以保险契约为依据，而保险契约的签订则以诚信、平等、互利、自由选择、等价交换和有偿服务为基础。因此，人身保险契约当事人的权利和义务多由民事法规约束和调整，它属于部门立法范畴。

（三）社会保险与人身保险之间的联系

社会保险与人身保险是经济保障领域内的两大不同险种类别，两者之间存在十分密切的关系。

1. 社会保险是人身保险进一步发展的产物

现代社会保险建制晚于人身保险，它是在人身保险有了较大发展的基础上产生的。商业性人身保险的普遍发展和自身所具有的特征，为现代社会保险制度的产生奠定了重要的制度和技术基础。

2. 社会保险与人身保险在发展过程中起到了相互补充的作用

首先，社会保险补充人身保险。人身保险的产生和发展，为人们谋求生活安定，摆脱生、老、病、死、伤残带来的困境，促进社会生产发展，发挥了重大作用。但是，人身保险因本身固有的特点，只能对具有投保条件的人们（即劳动收入除吃、穿、住、行、用外，还有剩余者）进行保险保障，而不能对所有面临大工业风险的劳动者（尤其是收入水平低下的劳动者）排忧解难。为弥补人身保险的缺陷，保障绝大多数人们的最低生活水平，缓和随生产力发展而日益激化的社会矛盾和阶级矛盾，社会保险应运而生。

其次，人身保险补充社会保险。社会保险产生后，由于它所具有的优越性，迅速地在各工业国家发展起来。

最后，社会保险制度的健全和发展，并不意味着否定或者已经排斥了人身保险的作用。由于社会保险保障的范围广，保障的内容多，加之为保持劳动者就业的兴趣和积极性，防止出现"动力真空"，社会保险的保障水平不可能，也不允许越过满足人们基本生活需要的界限。某些劳动者随着个人收入增加，要求获得更高水平的保障，那么，他们就只有参加人身保险。因此，人身保险业不仅没有因社会保险的发展而消失，反而更加兴旺发达了。

3. 社会保险与人身保险相互竞争，此消彼长

社会保险与人身保险由于具有同一的经济保障作用，所以，从长远看，它们之间的合作、相互补充和共同发展是有一定界限的，即人身保险的发展以社会保险只能保障人们的最基本生活水平为条件；同样，社会保险的发展也只能以人身保险仅仅保障那些具有投保资格的人们为条件。倘若社会保险的保障水平超出人们最基本生活需要的界限，或者人身保险没有投保条件的限制，那么，只要任何一方"越位"，都会给对方造成压力，乃至影响和牵制对方的发展。

从社会保险与人身保险的关系分析中，可以得出如下结论：

第一，社会保险和人身保险是经济保障领域内性质不同的两大险种，是具有明显区别的两个概念，尽管两种保险有密切的联系，最终目的也是一致的，但因社会保险与人身保险在其性质、保险责任、权利与义务关系、受益人的资格界定和立法范畴等方面存在着差别，所以，两种保险的作用在任何时期都是不能相互代替的。

第二，社会保险与人身保险虽然存在明显的差别，但由于二者保障功能的同一性，使得社会保险与人身保险可以相互补充，共同发展。尤其是经济落后、社会保险保障范围窄、保障程度低的国家，应更加重视人身保险的发展，充分发挥其对社会保险的补充作用。

第三，社会保险与人身保险在发展过程中所表现出来的矛盾，说明二者的并存是有一定条件的，这就要求各国政府制定有关法令条例和采取必要的措施（如在税收政策和投资政策上优待两种保险等），对这些条件加以保护，以利于社会保险和人身保险扬长避短，协调发展。

第四，社会保险与人身保险之间的矛盾关系，具有积极意义。其一，它可以强化两种保险人的竞争意识，转外在压力为内在动力。其二，可以促使两种保险完善旧险种，开辟新险种，扩大经营领域，更好地满足被保险人的安全保障需要。其三，可以促进两种保险加强经营管理，改进服务态度，提高经营质量和经济效益与社会效益。

第三章 社会保险基金

第一节 社会保险基金概述

一、社会保险基金的含义及特点

（一）社会保险基金的概念

社会保险基金是指为保障社会劳动者在丧失劳动能力或失去劳动机会时的基本生活需要，在法律的强制规定下，通过向劳动者及其所在单位征缴社会保险费，或由国家财政直接拨款而集中起来的资金。社会保险基金问题是社会保险的核心问题。

社会保险基金一般由养老保险基金、医疗保险基金、失业保险基金、工伤保险基金和其他社会保险项目的基金构成，通过雇员与雇主共同缴纳社会保险费的方式构成法定社会保险基金的基本形式。社会保险基金大多通过雇主与雇员缴费，国家在税收、利率和财政上资助的三方负担原则来筹集社会保险基金，并主要通过货币支付方式提供各类险种的社会保险金。

（二）社会保险基金的特点

1. 法律强制性

强制性是社会保险的显著特征之一，也是社会保险的基本特征。社会保险基金的筹集、管理和使用都具有法律强制的特性。例如，雇主和雇员必须依法按时、按法定费率缴纳社会保险费。基金管理机构对社会保险基金的投资营运、投资组合与投资数额的确定均须依法进行，以确保基金具有稳定的资金来源和安全有效的基金管理方式。而商业性保险基金、金融性信托基金则是在自愿的基础上依据商业契约而建立，基金管理及规则要相对宽松一些。

2. 社会政策目的性

社会保险基金的建立与管理都带有明显的社会政策目的性，即国民在遭受社会风险的背景下，为其提供基本的收入保障，以保证社会稳定和经济、社会的协调发展。社会保险基金的管理和运营虽然具有经济目标和促进经济发展的功效，但最终应服从于社会保险应遵循的社会政策目标。

社会保险基金的筹集、精算测定原则、社会保险基金收支平衡都体现出政府不同程度的干预，这种干预还体现在政府以隐性债务的方式承担劳动者代际间收入再分配的责任。

3. 特定对象性

社会保险的保障对象是工薪劳动者，而不是所有社会成员、社会成员中还包括没有任何收入、依靠其他人扶养的人，如儿童、学生、残疾人等解决他们的生活保障问题需要依靠社会救济和社会福利部门，他们没有能力缴纳社会保险费用，只是被动地接受保障。但劳动者不同，他们有劳动收入，只是在发生意外失去劳动收入时才需要接受补偿。因此，在他们有劳动收入时，有义务分担社会保险费用这一特点也表明，社会保险费用不能完全由国家统包下来，而应由国家、企业、劳动者共同负担。

4. 统筹互济性

社会保险通过国民收入的分配和再分配形成专门基金，其中不同比例的资金供统一调剂使用，使社会劳动者共同承担社会风险。一般地，在形成社会保险基金的过程中，高收入的社会劳动者比低收入的劳动者缴纳较多的保险费；而在使用的过程中，一般根据实际需要进行调剂，不是完全按照缴纳保险费的多少给付保险金可见，社会保险具有较强的统筹互济因素，个人享受的权利与承担的义务并不严格对应。

5. 储存性和增值性

从每个劳动者的生命历程来看，在劳动者具有劳动能力的时候，社会就以各种方式将其所创造的一部分价值逐年累月进行强制性扣除，经过长年储存积累，在其丧失劳动能力或劳动机会、收入减少或中断时，从积累的资金中为其提供补偿。社会保险基金的储存性意味着这种资金最终要返还给劳动者，因为这种资金不能移作他用，社会保险经办机构只能利用时间差和数量差使之增值，使劳动者因基金增值而得益，从而进一步体现社会保险的福利性与储存性相对应，社会保险基金还具有增值性被保险人领取的保险金有可能高于其所缴纳的保险费，其差额除了企业（雇主）缴纳和政府资助外，还需要保险基金的营运收入来补充从投保开始到领取给付，物价在不断上涨，保险基金只有投入营运才能保值增值，否则就达不到社会保险的保障目的在这一点上，社会保险基金同商业保险基金相似，而不同于财政后备基金。

二、社会保险基金运行的构成要素

（一）社会保险基金来源

从各个国家的实际情况来看，除工伤保险基本上由企业负担外，其他保险项目的基金，一般由个人、用人单位及国家三方出资形成大体上可以分为三种出资模式：个人、企业和国家共同分担的出资形式，企业和国家分担的出资形式，个人和企业分担的出资形式。社会保险基金主要来源于个人缴费、企业缴费、政府资助或补贴、基金的投资收益四种形式。此外，还有其他经营性收入，如利息、利润以及社会捐赠等也可进入社会保险基金。

（二）社会保险基金筹集方式

1. 开征社会保险税

社会保险税是国家为确保用于各种社会保险所需要资金而对雇主及受益人取得的工薪收入征收的一种税。税率的形式有两种：一种是比例税率。即在规定的税基限额下均适应一个税率；另一种是累进税率，即根据工薪收入的不同级设置不同税率。

开征社会保险税是大多数国家普遍采用的一种筹资形式。以这种筹资形式筹集的社会保险基金直接构成政府的财政收入，成为政府预算的重要组成部分，因此社会保险收支平衡的状况直接影响政府财政收支平衡，组织和管理社会保险收支是财政部门的一项经常性工作。

2. 社会保险统筹缴费

社会保险统筹缴费是指由雇主和雇员以缴费的形式来筹集社会保险基金。社会保险基金由政府指定专门机构负责管理和运作，不直接构成政府财政收入，不足部分由财政专款补助。因此，政府财政部门不直接参与社会保险基金的管理和营运，但对社会保险收支进行监督，实行社会保险统筹缴费的国家，保险项目比较繁杂，并且每一项目都有相对独立的一套缴费办法。

3. 建立预算基金账户制

预算基金账户制是一种强制性储蓄，具体方法是将雇员的缴费和雇主为雇员的缴费存入个人账户。这笔款项及由此产生的利息之所有权归雇员个人，政府仅有部分使用权和调剂权新加坡是实行这一制度的代表国家。

（三）社会保险基金支付方式

社会保险基金支付是指社会保险基金管理机构按照法律法规规定的条件、标准和方法支付各类社会保险金，是社会保险政策的最终目标与其保障功能实现的体现。社会保险基金的最终支付，一般是以货币形式支付，如养老保险金、失业保险金和部分医疗保险津贴，部分是以实物形式和服务形式支付。

社会保险基金支付的具体方式与具体的社会保险种类以及该种类的特征、功能是紧密相关的以养老保险金支付为例，养老保险金是劳动者退休后的养老生活保障，因此大多数国家都禁止将养老金账户金额一次性支付给领取者，而一般要求通过退休年金、分期支付等方式进行在养老金退休给付方式上，拉美许多国家采用年金、定期给付、递延年金三种给付方式。

三、社会保险基金的运行条件和平衡条件

（一）社会保险基金的运行条件

立足于社会保险制度体系而言，社会保险基金能否正常运行，取决于社会保险制度是否具有可持续性、社会保险基金管理模式的合理性与社会保险基金管理与监督的有效性；而立足于社会保险基金运行的外部环境而言，社会保险基金能否正常运行还取决于宏观经济环境、金融市场环境、财政环境以及人口法律环境等因素。

1. 稳健的经济发展环境与完善的金融市场

经济发展水平制约社会保险制度的保障范围和保障程度，经济发展程度决定了人们对社会保险的需求程度，也决定了有关经济主体是否有能力为社会保险制度提供资金支持。经济的健康发展，保证了人们在既定社会保险制度下良好的缴费能力，在一定程度上保证或者提高了社会保险制度的筹资能力。富有效率的经济发展水平，意味着微观经济主体企业有良好的经济效益和利润水平，这也为社会保险基金投资于其准许投资的项目提供了投资利润的来源。立足于更高的整合层面，建立与经济发展水平相适应的社会保险制度，才有可能实现社会保险制度与经济增长的相互促进。

完善且具有效率的金融市场是社会保险基金投资运营的重要前提条件，是社会保险基金保值增值的重要场所。金融市场的成熟度、金融机构监管系统的完善程度和风险控制能力也将制约和影响养老基金的发展，金融市场的成熟度决定了社会保险基金管理模式的选择，决定了社会保险基金的投资范围与具体的投资工具种类，决定了社会保险基金管理的监督模式选择；金融市场的开放程度决定社会保险基金投资的资产质量与资产结构；金融市场的效率及其资源配置功能决定和影响社会保险基金管理的效率。完善的金融市场也是

社会保险基金与金融市场互动的重要经济条件，没有一个完善的金融市场，难以实现社会保险基金与金融市场的互动，没有规模巨大的社会保险基金在金融市场的参与，金融市场也难获得长足的发展。

2. 可持续发展的社会保险制度

社会保险制度是社会保险基金运行的制度载体。只有一个可持续性的社会保险制度，才能保证社会保险基金的筹资、投资与代内或代际间支付的连续性；只有一个具有可持续性的社会保险制度，才有可能形成对社会保险制度的可信任度和制度良性预期，进而形成社会保险基金稳健运行的制度基础。只有一个体现公平与效率的社会保险制度，才能充分体现社会保险制度的保障性和内在激励性，使社会公众参加到社会保险制度体系中来，形成日渐强大的社会保险基金。

3. 有效的社会保险基金管理模式

在健康的经济发展环境和完善的金融市场条件下，具有良好制度基础的社会保险基金要保证其良好运行，还应该选择和社会保险制度相对应的有效的社会保险基金管理模式。目前，社会保险基金管理有多种模式，有强调政府集中管理的模式，如新加坡、马来西亚等国的中央公积金；有强调按委托而建立的信托基金管理模式，如美国、日本；有按私营竞争性原则运作的基金管理模式，如智利。

4. 富有效率的社会保险基金投资营运与监督管理

社会保险基金的投资营运与管理成为社会保险基金管理的核心内容，富有效率的社会保险基金投资运营，能够充分保证社会保险基金的保值增值。在完全的现收现付财务制度中，在一定的条件下可以减少现行制度参与者的缴费率，进而增加制度参与者的可支配收入；在完全的基金制财务制度中，在缴费基础相对稳定的条件下，较高的投资收益率可以形成制度参与者较高的退休金价值。因此，确定社会保险基金的投资范围，运用现代投资组合技术与社会保险基金的投资组合策略，选择有效的战略性资产配置与战术性资产配置技术，注重资产负债管理与整合风险管理技术的运用，是社会保险基金投资营运的重要内容。

社会保险基金监管包括社会保险基金监管模式选择、社会保险基金投资营运的各项规则的建立与完善、投资营运机构的认定、投资营运与行政管理的各类制度准则、信息披露制度的建立与完善、监管体制及其职能划分等内容。

（二）社会保险基金的平衡条件

社会保险基金的筹资模式有现收现付制、基金制以及部分基金制三种模式，在技术机制上这三种运行模式各有不同，但都必须遵循其内在的平衡条件，即社会保险的各项资金来源应该与社会保险金的各项支出项目保持某种程度的平衡，社会保险基金的平衡既要重视短期平衡，也要充分关注其中长期平衡。

1. 现收现付制养老保险基金的平衡条件

现收现付养老保险基金的财务平衡机制是"以支定收，略有结余"，完全现收现付制的养老保险基金的平衡条件可理解为"用缴费者当年保费收入支付退休者当年养老金给付"（即这一代人的缴费作为上一代人的养老金给付）。

在现收现付制度中，养老保险基金保费收入取决于缴费率和工资总额，保费支出则取决于工资替代率和制度赡养率，工资替代率取决于养老金给付水平和社会平均工资状况，制度赡养率取决于人口年龄结构和退休年龄。

因此，在现收现付养老基金中，要让每一代人承担的缴费水平和工资替代率水平基本相当，则要求制度赡养率相对稳定、而在人口老龄化背景下，制度赡养率会越来越高，要保证现收现付养老基金的收支平衡，或者是提高养老保险缴费率，或者是降低这一代人或下一代人的工资替代率（养老金给付水平）。而缴费率具有一个相对的上限，工资替代率（养老金给付水平）具有相对的刚性，这都对现收现付养老基金的收支平衡形成较大影响。

2. 完全基金制养老基金的收支平衡条件

完全基金制养老保险制度是代际内的自我赡养保障模式，其财务平衡机制体现为制度参与者保费及投资收益在退休时的终值等于未来养老金给付在退休时的现值。

第二节　社会保险基金管理

一、社会保险基金管理的内涵与外延

（一）社会保险基金管理的含义

社会保险基金管理是为实现社会保险的基本目标和制度的稳定运行，对社会保险基金的运行条件、管理模式、投资营运、监督管理进行全面规划和系统管理的总称，是社会保险基金制度安全运行的核心环节。

由于社会保险自身的特点，决定了社会保险基金管理是综合的管理系统，它不仅包括作为长期和短期货币收支计划的基金管理制度和方式，而且涉及经济、社会、法律、人口尤其是财政、金融等诸多复杂领域。

（二）社会保险管理的基本内容

1. 社会保险基金管理的法律法规体系

社会保险基金作为国家社会保险制度的重要经济基础，对其管理必须纳入法治轨道不同国家社会保险基金管理的法律不尽相同，大体分为两种情况：一种是社会保障法或社会保险法中对基金管理的问题有专门的法律条文；另一种是依据专门的社会保险基金投资法或退休基金法规定，制定社会保险基金的收缴、投资营运、投资组合及监督条款。

2. 社会保险基金管理模式选择

对于规模庞大的社会保险基金，通过什么方式实施管理，是政府专门机构直接管理，还是委托有关金融服务机构实施分散化管理，或是通过私营化、市场化的方式进行管理，乃是社会保险基金管理的核心内容之一。不仅如此，如何根据各国自身的经济、政治、社会、法律及人文条件，探索适合各国国情的社会保险基金管理模式更是基金管理的枢纽之点。

3. 会保险基金的投资营运及风险管理

随着部分积累模式和多层次社会保险基金框架的确立并受到人们日益广泛的关注，社会保险基金的投资营运及风险管理已成为基金管理的核心内容如何在动态经济条件下实现社会保险基金的安全营运、有效投资、保值增值及风险管理，成为多层次社会保险制度稳定运行的关键性约束条件之一。遵循社会保险基金投资的安全性、营利性、流动性的原则，对社会保险基金投资营运进行有效管理，并按照现代投资组合理论与技术，实施资产负债管理、投资组合管理和风险管理，体现基金投资多样化和分散化的投资理念，遵循投资项目期限匹配原则，在稳健有序的资本市场中，按照一定的投资组合规则，实现基金安全营运原则下的较高投资收益。

4. 社会保险基金管理内外部条件的协调

社会保险基金管理是一个极为复杂的系统工程。它既同经济发展、宏观经济运行乃至国际经济运行密切相关，又同资本市场和金融市场、财政收支状况、法律制度环境具有十分密切的内在关联。不仅如此，社会保险基金管理的绩效，又在很大程度上取决于社会成员对各项规则的自觉遵从意识，取决于信任和信用关系的基础性制度环境的约束。在某种意义上，制度文化条件的约束对社会保险基金管理的可持续发展具有十分关键的意义。

5. 社会保险基金管理与财政金融的互动效应

社会保险基金的征缴、保管、投资营运、保值增值以及基金监管的全过程，都在不同程度上与财政金融具有非常密切的联系和很强的互动效应。良好的社会保险基金营运绩效无疑会较大幅度减轻国家财政负担，反之则会增大国家财政负担。而社会保险基金购买国债的投资行为不但较大程度地影响财政发行国债的规模和吸收能力，又对社会保险基金的安全营运具有积极的影响。

社会保险基金与金融市场、资本市场的互动效应，是基金管理中非常重要的组成部分。社会保险基金介入资本市场的规模与结构，对完善资本市场发展具有重要促进作用。而资本市场的规范和有序发展，又是社会保险基金投资营运的基本约束条件，尤其对基金制和统账结合的社会保险制度而言，金融市场的完善程度及其在未来的健康发展，更是至关重要的制度性约束。

二、社会保险基金管理的主要途径

（一）财政集中型基金管理途径

在一些欧美国家的社会保险制度构架中，采取财政集中型基金管理途径来实施社会保险基金的管理，就是以建立社会保险预算或直接列入国家财政预算的方式管理社会保险基金。前者强调社会保险预算与政府总预算项目分离，作为专项预算，在政府预算中保持相对独立性，不能直接动用社会保险基金弥补财政赤字。后者则将社会保险收支与政府预算融为一体，当社会保险基金收大于支时，政府可将其用于安排其他支出甚至用于弥补财政赤字；当社会保险基金收不抵支时，则通过财政预算款予以弥补。

（二）多元分散型基金管理途径

多元分散型基金管理途径是指社会保险专门机构委托银行、信托、投资公司、基金管理公司等金融机构对社会保险基金在法律允许的范围内进行信托投资，并规定最低投资收益率的基金管理途径。

多元分散型或多元竞争型基金管理途径具有较高效率、较高投资收益，同时具有投资方式种类、投资组合上的较大的灵活性。由于多元竞争的特点，在一定程度上分散了基金投资风险，增进了基金营运的透明度和投资绩效，强化市场机制的作用，成为近年来世界上许多国家社会保险基金管理决策与改革的热点问题，不仅受到许多国家的重视。当然，也受到经济环境、金融环境、法律法规的完善程度的制约、关于这类基金的管理途径，金融市场的完善程度和规范的市场运作是其重要的约束条件。

（三）专门机构的集中基金管理途径

专门机构基金管理途径是指由相对独立和集中的社会保险银行、社会保险基金管理公司或基金会等专门机构负责社会保险基金的管理和投资营运社会保险基金管理专门机构的董事会由财政、金融、劳动保障、工会、审计和社会保险机构等有关方面代表组成。通过严格规范、严格监控的方式，集中管理社会保险基金，负责实施基金投资营运，制定投资组合政策，实现基金保值增值目标。在东南亚国家的社会保险基金管理中，专门机构的集中管理途径较为普遍。

三、社会保险基金的管理模式

（一）社会保险基金筹资模式

按照社会保险基金筹集的方式不同，以社会保险基金是否进行积累为标准，社会保险基金管理模式有现收现付制和基金制之分，还有由这两者混合而成的部分基金制。

1. 现收现付制

现收现付制是指通过"以支定收"，使社会保险收入与支出在年度内大体平衡的筹资模式。为避免过于频繁地调整缴费水平、防止短期内可能出现的收支滑动，一般保留有小部分流动储备金。在现实生活中，现收现付主要在社会统筹运行模式中采用。现收现付制运行的基本原理是：在长期稳定的人口结构下，由制度内生产性劳动人口负担老年劳动人口的退休养老费用，而现有生产性劳动人口的退休费用，则由下一代生产性劳动人口负担。因此，维系机制运转的基本约束条件是长期相对稳定的人口结构，劳动者代际间收入转移与再分配是其经济内涵。短期收支平衡是现收现付的基本特征。

现收现付制的优点包括：①费率调整灵活，易于操作。②有助于实施保险金随物价或收入波动而调整的指数调节机制。③通过收入调节与再分配，在一定程度上有助于体现社会保险的共济性与福利性。

现收现付制的局限性表现为：①在人口老龄化的背景下，生产性人口与退休人口的比例严重失调，在职劳动者的经济负担日益严重，现收现付社会保险的筹资模式难以为继。②现收现付机制存在某些不利于发展的因素。例如，过高的缴费比例会直接影响企业产品的竞争能力，进而影响经济发展；现收现付机制对储蓄和劳动力市场供求的消极影响，也会不同程度地影响经济发展。

2. 基金完全积累制

基金完全积累制是通过预提积累方式筹集保险基金及其投资收益，以便能够支付确定水平的、未决社会保险金给付的货币现值。一方面，预提积累的缴费比例在一定的人口、经济发展及其他因素基础上进行精算估计确定，积累的基金数额构成保险金给付的基础；

另一方面，保险金给付数额最终取决于积累规模和投资收益。基金完全积累制强调劳动者个人不同生命周期的收入再分配，即将劳动者工作期间的部分收入转移到退休期间使用。利率水平、稳定的金融市场是基金完全积累制运行的重要条件。

基金完全积累制的优点包括：①通过预提积累保险基金，有利于实现人口老龄化背景下对劳动者的经济保障。②强调劳动者的自我保障，激励机制强，透明度高。③有利于增加储蓄和资金积累，促进资本市场的发展，进而对经济发展具有重要推动作用。

基金完全积累制的局限性是：①对于长期性社会保险计划，积累的保险基金容易受到通货膨胀的影响，在动态经济中，如何实现基金的保值增值，具有相当的难度。②社会保险基金容易受政府行为干预，如将基金用于弥补财政赤字。基金在金融市场上的投资存在较大的风险性，若管理不善，可能严重影响社会保险基金的支付能力。

3. 基金部分积累制（混合制）

基金部分积累制，又称混合制，是基金制与现收现付制的结合。这种模式根据两方面收支平衡的原则确定社会保险费率，即当期筹集的社会保险基金一部分用于支付当期的社会保险金，另一部分留给以后若干期的社会保险金支出，在满足一定时期（通常为5～10年）支出的前提下，留有一定的积累金。因此，现收现付制是社会保险基金的短期平衡，基金制是长期平衡，而部分积累制则是中期平衡。部分基金制既不像现收现付制那样不留积累基金，也不像基金制那样预留长期使用的基金，它的储备基金规模比现收现付制的大，比基金制的小。这种模式兼具前两种模式的特点。就养老保险而言，这种模式力图在资金的横向平衡（工作的一代与退休的一代）和纵向平衡（人口年轻阶段与年老阶段）之间寻求结合点。同时，由于预留了一部分积累资金，使现收现付制模式下未来可能遭遇的人口老龄化所带来的沉重的支付压力得以减轻；又由于积累的资金规模比基金制的小，使得通货膨胀中基金贬值的风险得以降低。

（二）社会保险基金给付模式

按照保险金给付的确定方式不同，社会保险基金待遇给付模式主要有确定给付制和确定缴费制两种。还可以将这两种模式结合起来形成一种混合模型，实践中有目标给付型、现金平衡型和名义账户制等。确定给付制和确定缴费制及其混合模式主要用于养老保险基金的给付管理。

1. 确定给付型

确定给付型根据雇员参加养老保险计划的年数和工资收入水平预先确定其退休后的养老金水平，再通过精算方法确定其缴费水平。

确定给付制之中，养老保险基金的筹集模式可采用现收现付制，也可采用基金制，还可以采用部分基金制。但采用的筹资模式不同，其分配效果不同。在现收现付制之中，不论养老金给付如何规定，收入均由在职者群体向退休者群体分配，因而存在养老保险制度覆盖范围内的代际间再分配。如果以固定数额规定给付，则存在不同收入水平职工的同代人内部收入的再分配；如果以工资的同等比率给付，则存在不同工龄职工收入的再分配。在基金制之中，积累的养老金权益与积累的资产相对应，不存在代际之间的收入再分配，但如果采取不同的给付方式，则存在不同收入水平之间、不同年龄或不同工龄之间的收入再分配。在部分基金制之中的情况是上述两者的结合。

与确定缴费制相比，确定给付制具有如下特点：

（1）以支定收

在确定给付制之中，养老金给付方案预先确定，养老保险费率随后决定。养老金给付方案通常由规定给付公式来表现，其主要变量有工龄和某段时间的工资水平，如退休前若干年的平均工资或整个工作期间的平均工资。事实上，选定现收现付制的筹资模式，即选定了确定给付制为给付确定方式，因为以支定收是二者的共同基础。

（2）收入关联

确定给付制之中，劳动者的养老金待遇是以现实收入状况为基础确定的，与其退休前的实际收入直接相关，而与其在养老保险制度中缴费的数量只有间接的关系，因而养老保险待遇与工薪收入有某种关联，但并非必然体现在数量上的绝对对等。由此可见，确定给付制着重强调劳动者需按收入的某种比率缴纳养老保险费（或税），至于待遇结构并非必然表现在数量上的对等。

（3）政府承担风险

确定给付制之中，养老保险的基金管理者（即保险人或养老保险计划的主办者）因为预先承诺了给付水平而承担风险，所以社会养老保险的基金风险由政府承担。

（4）初始无基金

给付预定的养老保险计划，在计划建立之初是没有基金的。通常养老保险计划的主办者根据工作年数承诺给付，对建立保险计划时有一定工龄的雇员在过去的工作贡献予以养老承诺，使不同年龄的雇员得到平等的对待。由于建立保险计划前，雇员个人和雇主并没有为养老保险基金缴费，承诺的给付从建立保险计划起就形成净债务，这需要由其他方面的基金补充或者在职人员分摊。

（5）精算定成本

确定给付制中，养老保险计划预定的实际成本由保险计划所承诺的给付水平、参保人员的死亡率、未来工资增长率、养老基金的投资收益、保险计划的管理费用等决定，在保险计划承诺的所有给付完成之前，保险计划的成本是未知的，每年必须通过精算确定缴费水平。

（6）待遇调整灵活

确定给付制之中，一方面，由于养老金待遇与现收现付的年度平衡计划密切关联，养老金给付能够随物价涨幅和通货膨胀态势进行调整以保障劳动者的最低收入；另一方面，由于它与现实收入的关联性，使得养老金待遇随工资收入增加而提高，保险待遇水平体现经济社会发展成果，即退休者享受经济社会发展的成果。

2. 确定缴费型

确定缴费制即先经过预测确定缴费水平，据以筹集养老保险基金，基金逐渐积累并获得投资收益，雇员退休时，以其相应的缴费及投资收益在退休时的积累额为基础发放养老金。经过预测而确定的缴费水平是一个相对稳定的缴费标准（费率），包括雇主和雇员的缴费标准，据此缴纳的保险费进入养老保险基金。

从理论上讲，确定缴费制的养老保险计划可以采取个人账户和集体账户两种形式。采用个人账户形式时，在每个账户下记录着雇主为雇员的缴费、雇员自己的缴费、账户基金投资收益以及账户支出、管理费用和投资损失等与银行存款账户类似，个人账户的余额表明个人已积累的可以在退休后领取养老金的总额，其所有权归个人。采用集体账户时，不分别记录个人的积累，雇主和雇员个人的缴费记入保险计划的专项基金中，基金投资由代表雇员利益的团体监督，雇员个人的权利融入参加养老保险计划的集体成员中实践中，确定缴费的养老保险计划较多的是采用个人账户形式，个人账户使个人的缴费与积累的养老金权利相对应，容易被人们理解和接受，从而减少拒缴保费的可能性，以利于提高基金收缴率。因此，确定缴费制的养老保险计划又称为个人账户计划，雇员退休时，其个人账户的余额是今后享受养老保险待遇的依据。基金管理者据此确定养老金给付额，即相当于购买一个一次性缴清保费的终身年金。当然在某些情况下也允许雇员按照规定将个人账户余额一次性领取。

与确定给付制相比，确定缴费制有以下特点：

（1）给付与缴费和投资收益关联

确定缴费制的养老保险计划预先规定缴费水平，通常是以雇员工资的一定比率、固定数额或企业利润的一定比率为每个雇员缴费，雇员退休时能得到的是这些缴费及其投资收益的积累额。缴费越多，则得到的给付越高；缴费越少，则得到的给付越低。这种养老保险计划不承诺最低给付水平。养老金给付水平除了与缴费多少相关外，显然还与投资收益率的高低密切相关。投资收益率高，则给付水平高，投资收益率低，则给付水平低。

（2）机理简单，透明度高，易被接受

确定缴费型的养老保险计划采用个人账户方式，建立了缴费和享受待遇之间的直接联系，强调劳动者的自我积累和自我保障意识，体现了社会保险计划的效率机制，有助于增强人们对社会保险制度的认同感，易被劳动者理解和接受。此外，个人账户余额可以继承和转移，有利于劳动者的合理流动。

（3）生命周期收入再分配

确定缴费制即建立了生命周期内的收入再分配机制，对于鼓励劳动者合理安排其收入和消费是积极的，既可抑制超前消费，也可鼓励劳动者对退休储蓄提早作出安排，以减轻社会的经济压力。

（4）劳动者自担风险

在确定缴费的养老保险计划中，预先确定缴费水平，并以个人账户方式分配缴费及投资收益，个人账户的积累额是退休后养老金的基础，因此，养老基金的投资风险由劳动者个人承担。投资回报率低，将直接降低养老保险基金在退休时的累积额，从而降低退休后的待遇。

第三节　社会保险基金投资运营

一、社会保险基金投资原则

任何投资都要兼顾安全性、流动性和收益性的原则，只不过投资要求不同，三者的优先次序有所不同。社会保险基金的社会保障功能决定了其投资原则的排列顺序是：安全性、收益性、流动性，即在保证基金安全的基础上提高基金的收益率，保证其流动性需要。

（一）安全性原则

安全性是指收回投资本金及相关投资收益的保障程度，社会保险基金投资管理以安全性作为首要原则。相对于共同基金和商业保险基金而言，社会保险基金投资对其安全性的要求更高。由于大多数国家的养老保险制度一般采用多层次的制度模式，在基于养老保险基金投资安全性的前提下，不同层次的养老保险制度对安全性的要求又呈现层次性的特征。

（二）收益性原则

社会保险基金投资的收益性原则是指在符合安全性原则的前提下，社会保险基金投资能够取得适当的收益。从一定意义上讲，这是社会保险基金投资最直接的目的社会保险基金投资收益的大小直接影响社会保险基金的财务平衡，也影响投保人缴费的高低，如智利养老基金的缴费率较低，其费率为缴费工资的 10%，在一定程度上与智利养老基金投资的高收益相关。在养老金累积价值一定和其他变量相对固定的情况下，养老基金投资的收益率越高，投保人所缴纳的费率则相应较低在社会保险基金投资过程中，一些国家还规定最低收益率，较多国家规定养老基金投资收益不得低于一个以指数确定的基数，甚至还规定建立投资收益波动准备金，或者建立投资收益担保制度等。

（三）流动性原则

社会保险基金投资的流动性是指投资资产在不发生损失的条件下可以随时变现以满足支付社会保险待遇的需要。社会保险基金中，不同性质的投资对流动性的要求不同，完全积累的养老金投资对流动性的要求相对较低，对于每个委托人而言，由于基金在到期（退休）前不能提取，因此不具有流动性，可以投资于与期限相匹配的长期投资工具以获得较高收益；在到期后，如果个人选择按月定期支取，那么仍会有一个相对稳定的余额可以投资于长期金融工具。对于基金公司所管理的整个基金而言，在保证支付的流动性需要的基础上，也会有一个相对稳定的余额可以进行长期投资流动性与收益率之间也具有替换关系，投资于流动性差的投资工具，可以获得更高的收益率。而以现收现付为主要特征并满足于年度支付的基本养老金对养老基金投资的流动性要求较高，因此一般其投资大多选择短期金融工具，如选择短期国债、银行存款、高信用级别的企业债券或商业票据等。

二、社会保险基金投资工具与投资决策

（一）社会保险基金可选择的投资工具

社会保险基金可选择的投资工具可以分为两类：金融工具和实物。

1. 金融工具

金融工具可以从收益特点、期限等多种角度进行分类。社会保险基金投资的传统金融工具包括银行存款、政府债券、企业债券、贷款合同、公司股票等。各种创新的金融工具包括以资产为基础发行的证券、衍生证券等。

银行存款具有较高的安全性，但收益率较低，并且存款期限较短。在社会保险基金刚刚进入资本市场时一般占较大比重，随着投资工具选择的多样化，比重会大大降低，用来作为短期投资工具，以满足流动性需要。

中央政府发行的国债没有违约风险，安全性最高，因而是养老金的重要投资工具。但其投资收益率较低，因而在不同国家的养老金投资组合有所不同。

企业债券有违约风险，因而收益率高于国债，但风险低于股票，也是养老金的重要投资工具，特别是实力雄厚、信誉卓著的大公司发行的债券，在社会保险基金的投资组合中占重要地位。企业的资信程度不同，企业债券也具有不同的风险等级，各国政府通常对社会保险基金投资的企业债券等级有所限制，以防止过高的投资风险。

贷款合同通常是住房抵押贷款及基础设施贷款（以银团贷款的形式参与大型基础设施的项目融资），风险较小，收益稳定。在有些国家，社会保险基金投资于政府的住房计划，往往还要政府做担保。基础设施的项目融资一般有项目建成后的收益现金流及政府税收担保，因而风险也较小。

股票作为股权投资工具，其风险高于固定收益证券，因而也具有更高的收益率为了保证社会保险基金的收益率，多数国家允许社会保险基金投资于股票市场，但有些国家限制其投资比例。股票投资的收益来自股票买卖的价差和持股期间的股息收入。

证券投资基金是由专门的投资机构发行基金单位、汇集投资者资金、由基金管理人管理从事股票或债券等金融工具投资的间接投资制度。证券投资基金最大的优势在于专家理财、组合投资、规避风险、流通性强等特征。随着世界各国信托投资业务的发展，国际资本流动的速度日益加快，证券投资基金已经成为社会保险基金投资的重要投资工具之一。

2. 实物工具

社会保险基金还可以投资于实物，包括房地产、基础设施等实物投资具有投资期限长、流动性差的特点，但能在一定程度上防范通货膨胀风险，因此是社会保险基金可以选择的投资工具。其中，房地产市场受经济周期波动影响有较大的风险，并且由于较强的专业性，所以投资的管理成本较高。有些国家对房地产投资在社会保险基金投资中的比重有严格限制。基础设施投资则更多的是以贷款的形式实现。

虽然各种投资工具具有一般的风险——收益特征，但由于各国资本市场的差异，因而同种投资工具在不同国家之间的风险——收益特征会有所区别。

（二）社会保险基金投资决策

1. 确定投资目标

（1）风险目标

风险目标与社会保险基金风险承受力有关，风险承受力包括投资者承担风险的意愿和能力。影响社会保险基金风险承受力的因素包括三方面：第一，社会保险基金的类别。如果属于基本养老保险范畴，风险承受能力就较低；如果属于补充养老保险范畴，风险承受能力就相对较高。第二，社会保险基金的转移和支付需求比例。如果社会保险基金规模远远超过转移和支付需求，则社会保险基金风险承受力较强。第三，社会保险基金参保人的结构特征。结构特征包括参保人的年龄构成、收入构成等情况。

（2）收益目标

收益目标以期望收益（即受益人希望达到的收益目标）来表示期望收益不能脱离市场状况的约束，并且要与风险目标相一致，即在给定风险的情况下追求收益的最大化。收益目标应表现为总收益的形式，即包含了投资的资本利得和利息（红利）收入。

2. 明确投资约束

投资约束包括流动性要求、投资期限、法律法规因素和相关特殊要求等。

3. 制定投资政策和策略

一般包括撰写投资政策书、确定投资策略（投资策略可分为被动投资策略、主动投资策略和半主动投资策略）。

4. 资产配置

通常意义上，资产配置可以分为两个层面，即战略资产配置和战术资产配置。战略资产配置是对投资组合长期资产类别构成的决策，由社会保险基金决策主体完成；战术资产配置是在战略资产配置的基础上，对各类资产比例进行的短期调整，也就是对市场时机的把握，这一职责应由投资管理人完成。

5. 投资业绩评估

社会保险基金需要定期进行投资业绩评估以评判基金投资是否达到预期目标以及投资管理人的运作能力如何。业绩评估包含三个层次的内容：一是业绩衡量，即投资组合的收益率和风险的计算以及经过风险调整的收益率；二是业绩分布，即投资组合收益是由哪些因素造成的，包括资产配置效应（市场时机的把握）和证券选择效应（每类资产中选择价值低估证券的能力）；三是业绩评价，即基于某个市场基准对投资管理人的业绩进行判断。

三、社会保险基金投资监督管理

社会保险基金投资监督管理原则一般分为数量限制性原则与谨慎人规则，由此形成社会保险基金投资监督管理的数量限制型监督模式和谨慎人监督管理模式。

（一）数量限制规则

实行数量限制性养老基金模式主要基于以下几个原因：第一，缺乏基金管理的经验，尤其是缺乏充分的风险评估模式，这就意味着养老基金要承担过度的风险；第二，资本市场缺乏流动性和透明度；第三，脆弱的资本市场可能阻碍养老基金改革的可持续发展；第四，对养老基金总体风险的限制可以减少政府对养老基金担保所引发的道德风险问题；第五，对于那些承担巨额养老债务的国家来说，向基金制转变的成本较大，而要求养老基金投资于政策债券可以减少这一巨额成本。

数量限制监管模式的主要内容包括：第一，养老基金的投资品种和投资组合一般都是由监管者制定，通常包括规定养老基金可以投资的品种，限制养老基金进行股票、国外证券等高风险投资；第二，规定对每种金融产品的投资限额；第三，规定投资于单个企业或证券发行人发行证券的最高比例；第四，要求养老基金的投资管理人进行规范、详尽的信息披露，有时甚至披露资产净值。对养老基金的投资品种及其资产配置指标实行严格的数量限制，在一定程度上有助于规避养老基金投资的风险，较适合于那些金融体系发育程度较低、资本市场透明度较低、养老基金的发展历史较短的国家。

（二）谨慎人原则

谨慎人规则起源于信托法。在信托法中，谨慎人规则是指受托人必须以一个拥有相同能力的谨慎之人在经营一个相似性质和目的的企业所应运用的注意、技能、谨慎及勤勉履行其义务谨慎人规则在本质上是一个行为导向规则，其主要关注受托人如何勤勉地履行所负的义务。谨慎主要通过投资管理人投资决策和管理风险的程序来体现，而非通过界定某项具体的投资和风险本身为不谨慎来体现只要是通过一个完善的程序进行投资决策，即使是最为激进和非传统类别的投资也可能符合谨慎的要求。谨慎人规则一般包括管理人的注意和技能标准、分散化原则、忠实义务、委托的规则等。

第四节　社会保险基金监管

一、社会保险基金监管的内涵

社会保险基金监管是国家授权专门机构依法对社会保险其余收缴、安全营运、基金保值增值等过程进行监督管理，以确保社会保险基金正常稳定运行的制度和规则体系的总称社会保险基金监管体系的主要内容，包括对社会保险基金营运机构的选择与确定，制定各项监管规则，设计社会保险基金投资营运的指标体系，构建社会保险基金监管的策略框架，实施社会保险基金的现场监管与非现场监管，构建社会保险基金营运的安全保护机制等，确保社会保险基金的长期稳定运行和实现社会政策目标。

二、社会保险基金监管模式选择

社会保险基金监管的有效性在很大程度上取决于基金监管模式的选择。尤其是当社会保险分析的视角不是仅仅局限在运行机制和技术层面，而是立足于各国具体的经济、政治、社会和文化等制度环境，必然会把社会保险基金监管模式选择置于重要的地位。长期以来，社会保险基金监管均是置于政府机构的直接控制之下，或由政府严格规范，委托专门机构实施监管。近年来，随着经济自由化、贸易自由化、金融保险自由化的呼声日益增大，随着社会保险部分基金制或完全基金制模式受到普遍重视以及私营分散化管理，强调基金营运机构竞争的市场化管理模式成为引人注目的国际潮流，政府的集中监管模式受到较为激烈的批评目前，以智利为代表的拉美国家，以波兰为代表的东欧国家，在社会保险基金的私营化分散性管理模式以及基金投资营运绩效、投资风险控制等方面积累了重要的经验，对我国的社会保险基金监管体系的构建具有一定的借鉴意义。

然而，对选择何种基金管理模式，则应考虑我国的具体情况，在当前通过私营竞争性养老保险基金管理公司实施第二层次、第三层次保险计划已成为拉美和东欧国家社会保障改革的一个中心议题，成为美国当前社会保险改革大辩论的焦点之一，基金管理模式的选择绝非技术机制的简单移植，也没有捷径可走我国应选择相对集中、有较高社会公众信用基础并相对独立的社会保障银行作为社会保险基金管理的基金模式，应强调管理的相对集中性和有限竞争性原则，强调法规管理和对管理者监控相结合的管理方式。

三、社会保险基金营运机构资格审定

无论是采取由专门机构如社会保障基金理事会的方式构建相对集中的营运机构，还是构建分散的、适度的、竞争的养老保险基金管理公司，抑或委托现有金融机构、保险机构实行社会保险基金的投资营运，都必须高度重视对营运机构的审批程序和资格审查。一般而言，社会保险基金管理机构只负责社会保险基金的收缴、基金账目的保管、会计事务的处理、基金收益的年度调整及信息披露等日常管理活动而由外部投资经理负责投资营运时，对基金营运机构的监管主要通过对公司账目、财务报告的定期审查来实现对其日常经营活动的监管。

应当强调，对基金营运管理机构的监管，除了制定各类规则和注重投资经营过程的监管外，对高级管理者的选拔任用和实际监管具有十分关键的意义；否则，各类监管规则的实施效果必然大打折扣。因而，加快专门管理人才的培养，是实现社会保险基金有效监管的重大决策取向，应当引起决策部门的高度关注。

四、社会保险基金监管体系建立

（一）建立健全社会保险基金监管的法律体系

社会保险基金的收缴、保管、投资营运及保险金的给付都必须纳入法律监管体系社会保险基金的征缴、运作和有效监管是社会保险基金监管制度构建的关键性环节，必须从立法角度予以保障，严格规范企业、个人的费用征缴。政府专门机构对基金的保管、调拨、投资营运、监控过程，风险控制及保护机制构建等通过政府立法和各项法律制度的完善予以明确定位。

（二）构建社会保险基金的投资规则体系

实现社会保险基金有效监管的一个核心内容是构建基金投资规则体系。为实现社会保险基金投资的安全性、营利性、适度选择性、流动性原则，欧美国家和一些拉美国家制定了较为严格的基金投资组合规则。对欧美国家来说，实行谨慎人原则的养老保险基金投资的收益率一般高于实行严格投资限制的欧洲大陆国家，前者在股票投资方面限制较少。

值得注意的是，有关投资组合理论与实践的最新发展显示，社会保险基金投资组合限制正突破单纯考虑收益与风险的单一投资组合，面向综合投资组合方向发展，考虑不同年龄段职工的不同风险偏好，考虑收益性、安全性、流动性等综合因素制定不同的投资组合及其限额，如年轻职工的高风险、高收益心理偏好和老职工低风险、高流动性需求，建立新的综合性投资组合理念，或建立不同层次、不同类别的投资组合政策，为职工在选择投资收益及风险防范等方面提供更大的发展空间。

（三）构建社会保险基金监管的规则体系

社会保险基金的有效监管需要建立健全的管理规律体系。这些规则包括控制规则、资产分散规则、外部保管规则、信息披露规则和安全保障规则等。欧美、拉美及东欧国家已在这方面积累了丰富的经验，如制定资产分散规则、外部管理规则、投资组合规则、外部审计与精算规则、信息披露规则等。这些规则对于降低系统风险、代理风险和投资风险具有重要作用。

（四）发挥社会保险基金监督管理委员会的重要作用

社会保险基金监管委员会不仅在基金日常监管方面发挥着重要作用，而且在基金投资营运的重大投资决策、长期投资战略方面发挥着重要决策咨询和监管作用在社会保险基金的稳健营运，避免投资决策的重大失误，构筑基金投资的风险防范体系统方面具有举足轻重的作用、社会保险基金监管委员会由经济、财政、金融、保险、审计、工会、工商界代表及专家组成，能够对社会保险基金投资的长期策略、投资方向及投资组合限额，基金的安全营运及风险控制作出科学评价，对基金营运的决策失误和风险补偿机制构建等也发挥非常重要的作用。因而，构建和充分发挥社会保险基金监管委员会的重要作用，成为社会保险基金监管的重要内容之一。

第四章　医疗保险

第一节　医疗保险概述

一、医疗保险的概念

（一）医疗保险的定义

医疗保险是指当社会劳动者及全体公民因疾病需要治疗时，根据有关法律的规定从国家或社会获得应有的医疗服务，对因疾病造成的经济损失及医疗费用给予可能的补偿，以恢复和保障社会劳动者或公民身体健康的一项社会保险制度。如没有特别强调，所涉及医疗保险都是指社会医疗保险。

（二）医疗保险相关概念

1. 医疗费用保险

医疗费用保险，常简称为医疗保险，是指仅补偿因疾病所导致的、与疾病诊疗直接相关的费用，如检查费、化验费、治疗费、手术费、药费、输血费等费用，而体检、防疫及康复等与疾病诊疗没有直接关系的费用则得不到补偿。

2. 健康保险

健康保险是指不仅补偿因疾病导致的直接的医疗费用，还补偿疾病预防、健康维护、康复等产生的间接医疗费用的保险。从保障内容来看，健康保险保障范围相比医疗费用保险要广，所以健康保险一般又被称为广义医疗保险，医疗费用保险则被称为狭义医疗保险。

3. 基本医疗保险

基本医疗保险是指在生产力、社会经济承受能力、卫生资源和卫生服务供给等达到一定水平的条件下，在国家或地区的基本健康保障范围内，为参保人获得基础性的、必不可少的医疗服务而提供的保险。基本医疗保险一般提供较低水平的医疗保险待遇，主要满足参保人员因常见病、多发病所产生的基本医疗保障需求。

4. 社会医疗保险

社会医疗保险，也称医疗社会保险，主要由国家或政府开办，为分散社会成员因疾病风险带来的经济损失而建立的一项社会保险制度。社会医疗保险主要补偿参保人员接受合理的、必要的医疗卫生服务而产生的医疗费用，一般由国家立法强制实施。

5. 疾病保险

疾病保险是指以特定疾病的发生为保障责任，即当参保人员罹患合同中约定的疾病时，由医疗保险机构承担疾病诊疗费用补偿或给付责任的保险。商业保险领域，疾病保险主要是指重大疾病保险，多采取定额给付的方式支付保险金。社会保险领域，疾病保险一般采取费用补偿形式给付保险金，主要针对约定好的、一旦发生将产生高额医疗费用的疾病承担补偿责任。例如，新型农村合作医疗大病保险中，将儿童白血病、先天性心脏病、终末期肾病、肺癌等 22 种疾病列入保障范围。

6. 大病保险

大病保险是指当参保人员因罹患大病发生高额医疗费用支出时，医疗保险机构给予费用补偿的医疗保险制度。大病保险以发生高额医疗费用为界定标准，当患者个人自付部分超过一定额度，可能导致家庭灾难性医疗支出时，即可认为该病是大病。

7. 医疗保障

医疗保障是指国家通过立法多渠道筹集医疗保障基金，保证社会成员，尤其是无收入或低收入贫困人口，在患病或遭受各种突发事故伤害时，能够得到基本的医疗服务；同时根据经济和社会发展状况，逐步增进公民的健康福利水平，提高国民健康素质的一系列制度和事业的总称。

二、医疗保险的特征

（一）社会性

医疗保险的社会性主要表现在：第一，保障对象的社会性。医疗保险保障对象广泛，理论上来讲，医疗保险的覆盖对象应当是全体社会成员。第二，医疗保险管理机构的社会性。这是因为通过建立独立的、统一的、专门的社会化管理机构，对医疗保险进行科学、合理、规范的管理，才能充分发挥医疗保险互助共济、抵御疾病风险的功能和作用。第三，医疗保险基金来源的社会性。每个社会成员既有享受医疗保障的权利，也有发展医疗保障的义务。医疗保险基金的建立，既有政府财政支持，也有雇主和雇员缴纳的保险费，同时还有少部分来自社会各界的捐款。

（二）普遍性

医疗保险主要化解疾病风险所带来的经济损失，而疾病风险是普遍存在的，因为每位社会成员一生中可以不发生工伤、生育和失业等风险，但绝对不可能回避疾病风险的威胁，即疾病风险对于所有社会成员来说都具有客观性和必然性。因此，疾病风险的普遍性决定了医疗保险的普遍性。

（三）复杂性

医疗保险的复杂性表现在：首先，医疗保险涉及面广、参与主体多、结构体系复杂。一般来说，医疗保险制度受到一个国家或地区的政治制度、经济水平、文化习惯等各方面的影响，在医疗保险制度设计时都必须有所考虑。其次，参与医疗保险的具体有各级政府、医疗保险机构、雇主、定点医疗机构及参保个人，多方之间关系错综复杂。最后，疾病风险的发生原因复杂多变，而同时医学知识专业性极强，疾病的诊疗方案也因人因病而异，其复杂程度不言而喻，因此增加了医疗保险管理机制和运营体系的复杂性。

（四）服务性

其他社会保险项目主要强调保险待遇的现金给付，与此不同的是，医疗保险主要强调及时、合理、有效的医疗服务的提供。多数情况下，医疗保险保障功能最大限度地体现在医疗服务的提供，即当参保人员遭受疾病风险后由定点医疗机构提供及时和必要的医疗救治，就诊结束，参保人员只需承担个人自付部分的医疗费用，其他耗费由医疗保险机构直接对定点医疗服务机构进行补偿。可见，医疗保险保障的核心在于医疗服务。

（五）福利性

医疗保险制度的建立和实施不以盈利为目标，主要目的在于保障社会成员身心健康、维护社会稳定以及促进经济发展，自始至终将社会效益放在首位。医疗保险作为社会保险的重要项目，本质上属于一项社会公共事业，是国家、社会和雇主对社会成员在健康受损时提供医疗服务和经济补偿的帮扶措施，不与社会成员的年龄、身份、地位、财富和社会贡献等直接挂钩，而且多倾向于低收入、体弱多病等，更多地强调社会公平。需要指出的是，限于目前我国尚处于社会主义初级阶段，受到社会经济发展水平等客观条件的限制，医疗保险的福利性还只是一定程度上的福利性，还需要社会成员个人承担一定的缴费义务和部分医疗费用自付责任，不能将这里的福利性理解为由国家或政府提供完全免费的医疗卫生服务。

三、医疗保险实施的基本原则

（一）强制性原则

国家通过立法规定医疗保险的实施范围、相关主体权利义务、医疗保险费率及待遇水平等相关内容。强制实施，即任何单位和个人都应参加医疗保险，各级医疗保险机构不得拒绝任何符合参保条件的单位或个人参加医疗保险。在我国，虽然目前城镇居民医疗保险和新型农村合作医疗在实施过程中遵循的是自愿参加的原则，但要求以家庭为单位参加城乡居民基本医疗保险。强制性原则既保证了医疗保险的投保规模，又避免了自愿投保所带来的逆选择风险，对医疗保险制度的建立和实施有着非常重要的意义。

（二）互助性原则

医疗保险的互助性原则表现为参保人员的"互助共济、风险分摊"，医疗保险费率厘定一般只与参保人员收入水平和支付能力有关，而不考虑参保人员的健康、年龄和职业等因素。医疗保险制度通过参保人员缴纳医疗保险费的形式聚集疾病风险基金，同时通过向发生疾病风险的参保人员提供医疗服务保障的形式进行风险的分散。在这个过程中，未发生风险的人员互助共济发生风险的人员，健康水平高的人员互助共济健康水平低的人员，缴费水平高的人员互助共济缴费水平低的人员，一定程度上体现了医疗保险风险分担的有效性。

（三）保障性原则

保障性原则是指医疗保险的待遇水平要能够满足参保人员基本医疗服务需求，切实维护参保人员的基本健康权益。疾病风险发生后需要及时治疗，由此产生的医疗费用及收入损失可以通过保险制度予以补偿，在一定程度上减轻了参保人员的负担。但医疗保险保障水平一定要与当地经济社会发展水平及各方承受能力相适应，保障水平不能过高也不能过低、保障水平过高，会刺激医疗服务需求快速增加，导致政府财政负担和用人单位负担过重，医疗保险制度无法持续发展；保障水平过低，无法对参保人员提供有效保障，制度形同虚设反而会引起社会成员更多不满就现阶段而言，考虑到我国经济社会发展水平、用人单位负担能力和个人收入水平，目前我国医疗保险提供的主要是基本医疗保障，体现在基本用药、基本技术、基本服务、基本收费等方面。

（四）费用分担原则

现行城镇职工基本医疗保险的基金主要来自国家、雇主和雇员三个渠道，改变了传统医疗保险制度下完全由政府财政负担或用人单位全额负担的方式。随着经济社会的快速发展，医疗技术的迅速提高，物价水平的持续上涨，医疗费用支出也在不断提升，如果继续依靠单一渠道筹集医疗保险基金，就无法满足社会成员医疗保障需求。采取三方合理分担医疗保险费的方式，不仅有利于扩大医疗保险基金筹集渠道，减轻政府财政负担和用人单位财务压力，同时还有利于在更大范围内进行疾病风险分担，增强医疗保险制度抗风险能力，以及让个人参与筹资，对抑制不合理医疗服务消费有一定作用。

（五）合理补偿性原则

所谓合理补偿原则，是指医疗保险制度中应包含针对医疗服务供方即定点医疗机构和医疗服务需方即参保人员的费用约束机制，使医疗机构做到合理检查、合理用药、合理治疗和合理收费，同时增强参保人员费用节约意识，对超出规定范围的不合理医疗费用甚至弄虚作假所产生的医疗费用坚决不予支付，并对相应责任主体进行严格查处，以有效避免医疗卫生资源的浪费，从源头控制医疗保险基金的不合理开支，保证医疗保险制度可持续运行。对于所产生的医疗保险保障范围内的合理医疗费用，医疗保险机构要及时进行给付，保证定点医疗机构的正常运转和发展，同时减少对参保人员后续生活的影响。

第二节　医疗保险模式

一、医疗保险模式的概念

医疗保险模式，也称医疗保险制度模式，即医疗保险制度的组织形式，具体是指与医疗保险基金筹集、医疗保险待遇支付、医疗保险运营监管，以及为参保人员的医疗服务提供保障等方面相关的一系列完整的章程、规则、办法的总称。

医疗保险制度作为社会系统的组成部分，不可避免地会受到社会政治制度、经济体制及经济发展水平、社会成员价值观念、社会传统和文化习惯等因素的影响，这些影响因素作用程度不同，医疗保险模式也就不同。选择适宜的医疗保险模式对于一个国家医疗保险保障作用的发挥、经济持续发展的促进和社会稳定的维护都有着重要意义。

二、主要医疗保险模式介绍

（一）国民健康保险模式

1. 概念

国民健康保险模式，又称国家医疗保险模式、政府医疗保险模式或福利型医疗保险模式，是指政府直接举办医疗保险事业，通过税收形式筹措医疗保险基金，采取预算拨款给公立医疗机构的形式，向本国居民直接提供免费或低收费的医疗服务这种模式通过直接提供医疗服务的方式达到保障社会成员健康的目的。目前，实施这一医疗保险模式的国家主要有英国、瑞典、加拿大、丹麦、爱尔兰等国家。

2. 特征及优点

国民健康保险模式具有以下特征：一是医疗保险基金绝大部分来源于税收，政府可以根据资金投入量来控制医疗费用总量；二是政府卫生部门直接举办医疗卫生服务机构，医院基本建设与日常运行经费通过各级财政下拨给医疗机构（或由政府采购民营机构、私人医生的医疗服务），医疗服务具有国家垄断性；三是为全体公民提供免费或低收费的医疗服务，体现社会公平与福利照顾；四是医疗卫生资源配置、医疗服务价格确定等主要通过计划体制和行政手段实现，市场机制的作用相对不明显

国民健康保险模式的优点是：一是医疗费用增长由政府控制，有利于初级卫生保健的实施和实行有计划的疾病预防措施；二是较好地体现了医疗卫生服务的公平性和福利性特征，最大限度地满足社会成员的医疗需求。

（二）社会医疗保险模式

1. 定义

社会医疗保险模式，是指国家通过立法形式强制实施，由雇主和雇员按一定比例缴纳保险费，建立医疗保险基金，当雇员及其家属因患病、受伤或生育而需要医治时，由社会医疗保险机构提供保障的一种医疗保险制度。社会医疗保险模式是被采用最多的医疗保险模式。目前，世界上有德国、法国、日本、芬兰等100多个国家采取这种模式。

2. 特征及优点

社会医疗保险模式的特征有：一是采取多渠道筹集医疗保险基金，主要来自雇主和雇员按工资一定比例缴纳的保险费，政府酌情给予补贴；二是医疗保险基金统筹使用，疾病风险互助分担效果好；三是采取现收现付的财务机制，保证当年收支平衡，一般不留积

累；四是一般采取两种方式对参保对象进行保障，即直接提供医疗服务，或者患者垫付医疗费后由社会医疗保险机构补偿。

社会医疗保险模式的优点有：一是权利与义务相对应，费用共担，体现互助共济；二是医疗保险经办机构与医院建立契约关系，促使医院提供优质服务，对控制供方垄断行为有效。

（三）储蓄型医疗保险模式

1. 定义

储蓄型医疗保险制度，是指由国家立法强制劳动者或劳资双方出资，在指定机构以雇员的名义开设个人账户，保证劳动者本人或家庭成员生病时能获得补偿的一种医疗保险形式。这种模式以新加坡为典型代表，属于中央公积金制度的一部分，国际上采取这种模式的国家目前比较少见。

2. 特征及优点

储蓄型医疗保险模式具有以下特征：一是采取法律强制储蓄的方式筹集医疗保险基金，而不是强制性纳税，也不是强制性缴费或自愿购买；二是筹资以个人责任为主，强调公民个人的自我保障意识和费用控制意识；三是从财务机制角度来看，储蓄医疗保险模式采取纵向积累方式。

储蓄型医疗保险模式的优点有：一是个人健康责任感和费用控制意识强，能够减少医疗卫生资源浪费；二是纵向积累的基金运作方式，避免了代际转移的压力。

（四）商业医疗保险模式

1. 定义

商业医疗保险模式，是指按照市场等价交换的原则，对自愿投保并满足一定参保条件的对象提供多层次、多类型医疗保险服务的一种医疗保险模式，所以也称自愿保险。在这种模式下，医疗保险费的筹集、医疗服务的提供、对医疗机构和医疗服务机构的管理，都遵循市场机制，政府干预程度比较低。提供医疗保险服务的机构，主要是以盈利为目的商业保险公司。美国为商业医疗保险模式的典型代表国家。

2. 特征及优点

商业医疗保险模式具有以下特征：一是采取自愿投保方式，医疗保险基金主要来源于参保对象所缴纳的保险费；二是提供医疗保险服务的机构一般为私营机构，且大多数以盈利为目的；三是医疗保险机构与参保对象通过商业保险合同来约束双方权利义务关系，并且遵循权利与义务严格对等的原则；四是商业医疗保险模式下，保障形式多样，保障水平可根据参保个人实际需求而定。

商业医疗保险模式的优点有：一是自由、灵活、多样化，适应社会成员多层次的需求；二是医疗保险机构之间的竞争，会带来医疗保险服务效率和质量的提高。

第三节 医疗保险基本内容

一、医疗保险市场

（一）医疗保险市场的概念

医疗保险市场，是指医疗保险产品或服务交换的场所或领域的总称，是医疗保险经济活动和市场机制的有机结合体。医疗保险市场一般由医疗保险需求方即医疗保险消费者和医疗保险供给方即医疗保险机构共同构成，二者围绕着医疗保险费的缴纳和医疗保险服务的提供，在市场机制的作用下形成复杂的供求关系。

（二）医疗保险需求

1. 医疗保险需求的含义

医疗保险需求，是指在一定时期内、在不同的医疗保险费率水平上，消费者愿意并且能够购买的医疗保险的数量。通常情况下，医疗保险需求的实现必须具备两个前提条件：一是消费者具有购买医疗保险的意愿；二是消费者有能力购买医疗保险。这两个条件必须同时具备，缺一不可。但是，在以国家或政府为责任主体，尤其是立法强制实施医疗保险制度的社会医疗保险市场中，无论医疗保险需求主体即医疗保险消费者是否具有购买意愿（参保意愿）都必须参加医疗保险。当然，对于生活困难或收入水平较低、购买能力较弱的消费者，政府有责任和义务给予适当的财政补贴，以保证这部分群体也能够享受医疗保险待遇。

2. 医疗保险需求的影响因素

（1）疾病的发病率

医疗保险需求与疾病的发病率正向相关，即疾病发病率越高，医疗保险需求越大，反之越小。

（2）疾病的损失程度

医疗保险需求与疾病的损失程度正向相关，即疾病的损失程度越大，医疗保险需求越大，反之越小。

（3）医疗保险产品的价格

医疗保险需求与医疗保险产品价格反向相关，即医疗保险产品价格越高，医疗保险需求越小。

（4）消费者收入水平

一般情况下，随着消费者收入水平的增加，医疗保险需求增加。但是，对于收入水平很高或很低的消费者而言，医疗保险需求不大，因为低收入群体消费能力受限，而高收入群体购买医疗保险或不购买医疗保险效用水平差别不大。

（5）消费者的避险心态

风险回避型的消费者医疗保险需求大，而风险偏好型的消费者医疗保险需求小，风险中立型消费者医疗保险需求不明确。

（6）其他因素

除以上因素以外，政府相关政策、消费者的健康状况、文化程度、年龄、性别及种族等都对医疗保险需求有一定的影响。

（三）医疗保险供给

1. 医疗保险供给的含义

医疗保险供给，是指在一定时期内、在不同的医疗保险产品价格水平上，医疗保险机构愿意并且能够提供的医疗保险产品数量。一般而言，医疗保险供给的实现必须具备两个条件：一是医疗保险机构愿意提供医疗保险产品服务；二是医疗保险机构能够提供医疗保险产品服务。同样，在政府主导型的社会医疗保险市场中，医疗保险机构是政府设立的专门负责医疗保险事业的职能机构，并由政府给予有力的财政支持，所以不存在供给意愿和供给能力问题。

2. 医疗保险供给的影响因素

（1）供给价格

医疗保险供给与医疗保险产品价格正向相关，价格越高，供给量越大，反之越小。

（2）医疗保险产品成本

医疗保险供给与医疗保险产品成本负向相关，即成本越高，医疗保险供给越小。

（3）缴费能力

医疗保险供给与消费者缴费能力正向相关，即缴费能力越强，医疗保险机构供给积极性越高，医疗保险供给越大。

（4）承保能力

承保能力是指医疗保险机构提供医疗保险产品和服务的能力，相当于企业的生产能力。因此，承保能力越强则医疗保险供给越大，反之越小。

（5）其他因素

除以上因素外，还有政府政策、医疗保险机构信誉、医疗机构服务水平和质量等因素对医疗保险供给产生影响。

二、医疗保险系统

（一）医疗保险系统的概念

1. 医疗保险系统的定义

系统是指由若干相互联系、相互作用的要素组成，在一定环境中具有特定功能的有机整体。医疗保险系统是指围绕医疗服务的需求与供给，以及医疗费用的筹集、管理与支付过程，而产生的各方面、各种因素相互作用、相互依存而形成的一个有机整体。医疗保险系统维持着医疗保险活动过程的进行和开展。

2. 医疗保险系统的结构形式

（1）两方系统结构

这种形式主要由医疗服务提供者发起，一些医疗机构为了维护自己的经济利益，事先向部分消费者收取一定资金作为预付医疗费，当这部分人群患病时，可以完全或部分减免医疗费用。在此系统中，医疗机构既是医疗服务提供者又是保险提供者，只不过向被保险人提供的是医疗服务而不是经济补偿。

（2）三方直线系统结构

这种形式主要由医疗服务消费者发起，为抵御疾病风险，同一个行业的劳动者组成了一种具有合作性质的组织，由参加该组织的成员出资建立基金，为患病的成员在接受医疗服务时提供经济帮助。在该系统中，医疗保险机构与医疗机构之间没有直接联系，而是通过参保人员发生间接的联系，参保人员向医疗保险机构缴纳保费，在患病后从医疗机构获得所需医疗服务，并向医疗机构支付相应的费用，之后从保险机构获得一定补偿。这一形式与一般的报销型商业医疗保险业务极为相似。

（3）三方三角系统结构

由于早期的医疗保险系统中，医疗保险机构与医疗机构之间没有直接的联系，因此无法有效地约束医疗机构行为和控制医疗费用快速增长。为了解决这一问题，出现了第三方付费，即参保人接受医疗服务后，由医疗保险机构向医疗机构进行支付，而不是由参保人向医疗机构支付。

（二）现代医疗保险系统结构

随着医疗保险事业的不断发展和完善，医疗保险系统结构也在变化。现代医疗保险系统一般由参保人（包括参保单位和个人）、医疗保险机构、医疗服务机构（包括定点医院和药店）和政府有关部门共同构成，形成了较为复杂的三角四方关系。

（三）医疗保险系统各方关系

1. 保险机构与参保人

医疗保险机构有权向参保人征收保险费，参保人有按时向医疗保险机构缴纳保费的义务；参保人有权根据自身实际情况选择合适的定点医疗机构，医疗保险机构协助其进行选择，并作好记录；参保人就诊后有权就自己垫付的合理的医疗费用向医疗保险机构申请补偿，医疗保险机构核实无误后及时给付等。

2. 参保人与医疗机构

参保人选择医疗机构并接受其提供的医疗服务，医疗机构根据参保人的病情提供及时、合理、有效的医疗服务项目；医疗机构有权向参保人收取应由参保人自付的医疗费用，参保人应足额支付，确有困难时应及时向医疗保险机构或医疗救助部门反映。

3. 医疗机构与保险机构

医疗保险机构确定医疗机构向参保人所提供的医疗服务的范围和质量，医疗机构按照规定提供医疗服务；医疗保险机构与医疗机构进行协商确定前者对后者的补偿形式；医疗保险机构有权对医疗机构的医疗服务质量和费用情况进行监督和管理。

4. 政府与其他三方

政府负责医疗保险政策的制定、颁布和实施，通过税收形成财政收入，并对医疗保险基金进行补充，全面负责医疗卫生资源的合理配置，对系统中其他三方进行管理和控制，保证医疗保险系统平稳运行。

三、医疗保险基金

（一）医疗保险基金的概念

医疗保险基金是指国家或政府根据有关法律法规，授权医疗保险机构向雇主和雇员，以及其他渠道所筹集的用于保障参保人员基本医疗服务需求开支的专项资金。医疗保险基金的筹集和建立是医疗保险制度能够正常运行的物质基础和前提条件。医疗保险基金除来源于雇主和雇员缴纳的医疗保险费外，还有政府的财政补贴、医疗保险基金的利息及投资收益、医疗保险机构罚没的滞纳金，以及社会捐赠等。

（二）医疗保险基金筹集原则

1. 公平性原则

所谓公平性原则是指根据参保人员的经济能力来筹集医疗保险基金。公平性原则包括横向公平，即收入水平相同的人缴费水平也要相同；还包括纵向公平，即不同收入水平的人缴费水平不同，高收入者缴费水平高，低收入者缴费水平低。

2. 多样性原则

多样性原则是指通过多种渠道筹集医疗保险基金，这样既有利于减轻政府的财政负担与参保单位的财务压力，同时还有利于保证医疗保险基金筹集的稳定性，强化参保个人的自我责任意识和费用节约意识。

3. 动态性原则

医疗保险基金的筹集水平要遵循动态性原则，要根据经济发展、工资增长、物价水平变化及医疗费用上涨情况进行适时调整，确保医疗保险基金的筹集水平与社会经济发展水平和医疗卫生发展水平相协调。但要科学厘定医疗费率，保证一定时期内医疗保险费率水平的稳定性，调整不能过于频繁。

4. 平衡性原则

平衡性原则是指一定时期内医疗保险机构所筹集到的医疗保险基金与所需要支付的各项费用基本相等，并要有一定结余，以防范突发的疾病风险或公共卫生事件等带来的基金支付压力。

四、医疗保险费用偿付

(一) 医疗保险费用偿付的定义

医疗保险费用偿付是指医疗保险机构依照保险合同的规定给付被保险人因患病而发生的医疗费用，或者补偿医疗服务提供者为参保人提供适宜服务所产生的卫生资源耗费。医疗保险费用偿付是医疗保险分担疾病风险、发挥保障作用的重要手段和形式，也是医疗保险制度最重要和最基本的职能之一。

(二) 医疗保险费用偿付方式分类

1. 按偿付时间分类

预付制一般是指在医疗服务发生之前，医疗保险机构根据事先确定的偿付标准，向医疗服务供方或参保人支付医疗保险费用。由于医疗服务供方需要承担超过预付额度时的经济风险，所以相比后付制，预付制对医疗服务供方的约束作用较大，医疗费用控制效果较好，而且偿付时操作简单，但确定合理的预付费用标准的难度较大，如果选择预付的方式和标准不合理，容易影响到医疗服务供方的积极性和医疗服务质量。

后付制是指在医疗服务发生以后，按照一定的收费标准，根据医疗服务的数量和质量确定医疗费用偿付额度的方法。后付制下，患者对医疗服务有较多的选择，同时能够调动医疗服务供方的积极性，但容易产生供方诱导需求，医疗费用控制效果较差。

2. 按偿付水平分类

全部偿付是指医疗保险机构偿付全部的医疗费用，参保人享受免费医疗，全额偿付的保障水平高、公平性好，但是由于参保人几乎不需要支付任何费用，所以缺乏费用意识，容易导致医疗费用失控，医疗卫生资源浪费。

部分偿付是指医疗保险机构只承担部分医疗费用偿付责任，参保人需要按照一定的标准自己承担一部分医疗费用。部分偿付有利于形成有效的需方费用约束机制，但保障水平比全部偿付要低，且确定合理的费用分担标准和比例难度较大。

3. 按偿付对象分类

供方费用偿付又称直接偿付，是指由医疗保险机构向为参保人提供医疗服务的供方直接偿付医疗费用，即参保人就诊结束后，只需按照规定支付自付部分医疗费用，剩余费用由医疗保险机构与医疗服务供方结算。供方费用偿付方式对参保人而言操作简单，管理成本相对较低，同时对供方医疗服务行为约束作用明显。

需方费用偿付又称间接偿付，是指参保人接受医疗服务供方的服务之后，先行支付所有医疗费用，事后持就诊材料和费用凭证向医疗保险机构申请费用补偿。这种方式操作复杂、结算工作量大、管理成本高，虽然对需方有较好的约束作用，但是对供方约束作用有限，费用控制效果差。

（三）需方医疗费用偿付方式

1. 起付线

起付线又称扣除保险，是指医疗保险机构全部或部分承担一定额度即起付线标准以上部分的医疗费用，起付线以下的部分由参保人自付或通过其他途径获得补偿。起付线的优点包括：第一，有利于增强参保人费用意识，减少浪费和控制医疗费用过度上涨；第二，减少小额补偿工作，使医疗保险机构工作量大大减少，降低管理成本；第三，减少小额费用补偿，有利于提高保障更大医疗费用风险的能力，提高基金使用效率。

2. 比例共担

比例共担又称按比例补偿，是指医疗保险机构和参保人按照事先约定的比例共同承担医疗费用。比例共担既可以采取固定的比例，也可以采取变动比例的方式。比例共担的优点有：第一，简单直观、容易操作；第二，对医疗服务需方有一定约束作用，有利于调节医疗服务消费，控制医疗费用。

3. 封顶线

封顶线又称最高限额，是指医疗保险机构只偿付低于封顶线以下的医疗费用，超出封顶线的医疗费用由参保人自付或通过其他途径获得补偿。封顶线的优点包括：第一，体现基本医疗保障水平，扩大参保人受益范围；第二，有利于限制高额医疗需求以及过度的医疗服务资源耗费；第三，有利于参保人重视自我身体保健，提高参保人身体素质。

4. 混合制

在医疗保险实际操作中，往往是将以上三种费用偿付方式结合一起使用，形成优势互补，更加有效地控制需方就诊行为，限制医疗费用的过度增长。

（四）供方医疗费用偿付方式

1. 按项目偿付

按项目付费是指对医疗服务过程中的每一个服务项目都制定价格，参保人在接受医疗服务时逐一对服务项目付费或计费，然后由医疗保险机构向患者或医疗机构偿付费用。按项目付费是产生最早、使用最广泛的费用偿付方式。其优点包括：第一，操作简单，容易理解，适用范围广；第二，对医疗服务供方补偿较完全，利于调动供方积极性；第三，参保人选择自由度较高，一般较满意。

2. 按病种偿付

按病种付费全称为按疾病诊断分类偿付制，是根据疾病分类法，将罹患不同疾病的病人分为若干组，再根据病人的年龄、性别、临床诊断、严重程度、有无合并症与并发症及转归等因素把病人分为若干诊断相关组，然后对每一组分别制定相应的偿付标准。按病种偿付是目前公认的比较先进的医疗费用偿付方式之一。优点在于：一是促使医疗服务供方降低医疗服务成本，提高资源利用率；二是属于预付制，费用控制效果好；三是偿付标准一旦制定，偿付计算就非常简单。

3. 按服务人次偿付

按服务人次偿付又称按平均定额偿付制，是指医疗保险机构事先制定每一门诊人次或每一住院人次的费用偿付标准，再根据医疗服务供方实际提供的门诊人次数或住院人次数向供方偿付医疗费用。按服务人次偿付的优点：一是促使医疗服务供方降低每一服务人次成本，费用控制效果较好；二是有利于缩短住院时间，提高病床利用率；三是偿付计算简单，审核与监管简单。

4. 按人头偿付

按人头偿付又称"小包干"，是指医疗保险机构按合同规定的时间，根据供方服务的人口数和每一服务对象的偿付定额标准，定期支付一笔固定的费用，在此期间，供方所提供合同规定的服务均不再另行收费。按人头偿付的优点：一是操作简单，监督审核较容易，管理费用较低；二是有利于减少供方诱导需求，费用控制效果较好；三是促使供方开展预防保健。

5. 按住院床日数偿付

按住院床日数偿付，是指医疗保险机构预先确定每一住院床日偿付标准，然后根据供方提供的实际住院总床日数，计算出总偿付金额。这种方式一般较适合于床日费用相对稳定的病种和医疗机构。按住院床日数偿付的优点：一是易于操作，管理成本相对较低；二是属于预付制，每床日费用控制效果较好。

6. 总额预付制

总额预付制又称"大包干"，是指由医疗保险机构与医疗机构共同协商，事先确定每一年度对医疗机构偿付总额。总额预算制的关键在于确定合理的总偿付额，一般考虑医疗机构的等级、规模、医疗设施与设备、服务能力、覆盖人口数、上年度收支情况及医疗价格变化等因素。总额预付制的优点：第一，能够较好地控制医疗费用总量，是所有费用偿付方式中效果最好的方法之一；第二，有利于降低医疗服务成本，提高资源利用效率。

7. 以资源为基础的相对价值标准偿付制

以资源为基础的相对价值标准偿付制，是指根据医疗机构在医疗服务中所投入的各类资源消耗成本，计算医生的医疗服务或技术的相对价值，来确定医生偿付标准的方法。以资源为基础的相对价值标准偿付制的优点：一是使各项服务得到合理的补偿；二是激励医生提供诊断和管理性服务；三是改变各专业服务补偿水平不公的现象。

第四节　中国医疗保险体系

一、我国传统医疗保险体系

（一）公费医疗

享受公费医疗的对象主要是，国家机关和事业单位的全体工作人员，教育部核准的高等院校在校生，复员退伍返乡二等乙级以上伤残军人，以及国家机关和事业单位离退休人员。其保障项目范围为，除挂号费、营养滋补药品以及整容、矫形等少数项目由个人自付外，其他费用如门诊或住院的检查费、药品费、治疗费、手术费、床位费、计划生育相关费用，以及因公负伤、致残的医药费用等，全部或大部分由公费医疗经费开支。公费医疗经费全部由国家预算拨款，由各级政府卫生行政部门设立公费医疗管理机构统管，或者享受单位自管，个人实报实销。因此，属于国民健康保险模式。

（二）劳动保险

公费医疗的主要享受对象为国有、集体企业职工及其供养的直系亲属。公费医疗的保险项目和待遇标准与公费医疗基本相同，但在管理体制、经费来源和开支范围上与公费医疗有所不同。公费医疗制度所需医疗经费按照企业职工工资总额的一定比例从企业福利费中提取，职工个人不需要缴费。提取的经费由企业自身负责管理，超支部分由企业自己承担。公费医疗制度经费除补偿职工医药费用外，还补助职工供养的直系亲属的医疗费用、企业医务人员工资、医务经费和因公负伤就医的路费等。

（三）农村合作医疗

农村合作医疗制度，与城镇的公费医疗制度和公费医疗制度共同组成了覆盖中国城乡多数居民的医疗保障体系。合作医疗制度是中国农民群体的伟大创举，被世界银行和世界卫生组织誉为"发展中国家解决卫生问题的唯一典范"。农村合作医疗的基本做法是：由个人和农村集体在一定范围内共同筹集合作医疗基金，参加合作医疗的农民患病时所需的医疗费用由合作医疗基金组织和个人按一定比例共担。根据各地农村的不同经济水平，医疗待遇由各乡、各村自行规定，标准不一。

二、我国现代医疗保险体系

（一）城镇职工医疗保险

1. 城镇职工医疗保险的特征

（1）低水平

低水平是指城镇职工医疗保险的保障水平与我国现阶段的经济发展水平和生产力相适应，充分考虑政府财政和企业的实际承受能力，提供基本的医疗保障。

（2）广覆盖

广覆盖是指城镇职工医疗保险覆盖我国城镇所有用人单位，包括各种形式的企业、机关、事业单位、社会团体、民办非企业单位及其职工，以保证医疗保险互助共济、统筹调剂、风险分担功能的实现。

（3）双方负担

双方负担是指城镇职工医疗保险的保费筹集采取雇主和雇员共同缴纳的方式。双方负担消除了公费和劳保制度中医疗费用由政府和单位包揽的弊端，既有利于扩大医疗保险基金来源，又有利于增强个人自我保障意识和医疗费用节约意识。

（4）统账结合

统账结合是指城镇职工医疗保险实行社会统筹和个人账户相结合的模式。个人账户主要支付门诊小额费用，自储自用；统筹基金主要补偿住院产生的大额费用支出，实行互助共济。

2. 城镇职工医疗保险的主要内容

城镇职工医疗保险覆盖所有城镇中各类各级单位的员工，包括企业、机关、事业单位、社会团体、民办非企业单位及其职工，灵活就业人员、农民工、非公有制经济组织员工也要按照相关规定参保。所以，城镇职工医疗保险实际上覆盖城镇全体从业人员。

城镇职工医疗保险费由参保职工和用人单位共同缴纳，职工缴纳上年度个人平均工资的2%，单位缴纳职工工资总额的6%左右，单位缴纳保险费的70%左右纳入统筹基金，剩余30%划入职工个人账户。另外，具体缴费比例由各统筹地区根据实际情况确定。随着经济的发展和职工工资收入的提高，经省劳动厅、财政厅批准后，可适当调整单位和个人缴费率。

城镇职工医疗保险原则上以地级以上行政区为统筹单位，也允许以县（市）为统筹单位。现阶段，大多数地区为县级统筹，但统筹层次过低不利于风险的分担。中央、省属单位都要按照属地管理原则参加统筹地区的基本医疗保险，执行当地的统一制度和政策。城镇职工医疗保险基金由统筹基金和个人账户构成，并划定了各自的支付范围，分别核算，不得相互挤占。个人账户主要支付门诊费用、住院费用中个人自付部分以及在定点药店购药费用。统筹基金用于支付符合规定的住院医疗费用和部分门诊大病医疗费用，起付标准为当地职工年平均工资的10%左右，最高支付封顶线为当地职工年平均工资的6~8倍。

城镇职工医疗保险采取属地化管理，将传统医疗保险制度由行业统筹管理的模式，改为由所在统筹地区的社会保险经办机构实施管理。医疗保险机构对提供医疗保险服务的医疗机构和药店实行定点管理，负责制定职工医疗保险用药、诊疗和服务设施范围和给付标准，制定科学的医疗保险费用结算办法，负责医疗保险基金的筹集、管理、运营和支付。

（二）城镇居民医疗保险

1. 实施原则

（1）低水平起步的原则

低水平起步是指城镇居民医疗保险制度的建立要与我国社会经济发展水平和各方承受能力相适应，合理确定筹资标准和保障水平；以保障城镇非从业居民的住院和门诊大病医疗需求为主，同时鼓励有条件的地区逐步实行门诊医疗费用统筹；随着社会经济发展水平和各方承受能力的提高，逐步提高筹资标准和保障水平。

（2）自愿原则

自愿原则是指居民按照自己的意愿及经济承受能力，自行决定是否参保，充分尊重群众的意愿和选择，同时通过财政补助激励和引导居民参加城镇居民医疗保险。

（3）属地管理原则

属地管理原则的主要作用是明确中央和地方的责任。总体上，中央确定城镇居民医疗保险制度的基本原则和主要政策，并给予必要的财政补助，地方因地制宜制定具体办法，组织实施工作。

（4）统筹协调原则

城镇居民医疗保险起步晚，统筹协调原则是指城镇居民医疗保险制度的建立，必须坚持以人为本，统筹考虑各种保障制度和政策的衔接，统筹考虑地区之间的平衡，统筹考虑新制度的出台可能产生的影响，统筹考虑医疗保障体制和医药卫生体制的配套改革。

2. 主要内容

城镇居民医疗保险制度覆盖人群主要包括：第一，尚未参加城镇职工基本医疗保险或尚未参加公费医疗的达到退休年龄的老年人；第二，尚未参加城镇职工基本医疗保险或公费医疗的学龄前儿童、中小学生、大学生及研究生等；第三，尚未参加城镇职工基本医疗保险或公费医疗的其他城镇居民。

城镇居民医疗保险缴费采取年度定额缴费的方式，由各地按照低水平起步、逐步提高，群众自愿的原则，根据本地经济发展水平、居民家庭和财政负担的能力合理确定缴费率。现阶段，全国各地基本上都采取参保居民缴纳一部分、财政补助一部分的做法。从许多地区实践和测算的平均数值看，现阶段的筹资水平大体在城镇居民家庭人均可支配收入的2%左右。城镇居民医疗保险制度基金主要用于偿付参保居民住院产生的合理医疗费用和门诊大病医疗费用支出，有条件的地区可以逐步实行门诊医疗费用统筹。城镇居民医疗保险基金偿付范围，一般参照当地城镇职工医疗保险药品目录、诊疗项目目录和医疗服务设施目录，费用偿付也设有起付线和年度支付最高金额限制，起付线一般设为当地居民人均年收入的10%左右，年度最高支付限额设为当地居民人均年收入的6~8倍。

城镇居民医疗保险制度原则上与城镇职工医疗保险的规定一致，由社会保障部门所属的医疗保险经办机构统一管理和监督。

（三）新型农村合作医疗

1. 基本概念

新型农村合作医疗，简称"新农合"，是指由政府组织、引导、支持，农村居民自愿参加，个人、集体和政府多方筹，资，以大病统筹为主的农民医疗互助共济制度。

2. 实施原则

（1）政府引导，自愿参加

新农合的主体是广大农民群众，农民群众自愿参加是新农合建立的基础。农民以家庭为单位自愿参加新型农村合作医疗，遵守有关规章制度，履行缴费义务，按时足额缴纳合作医疗经费，是新农合"风险分担，互助共济"的主要体现。政府对农民进行正面引导，提高广大群众健康风险意识和参加合作医疗的积极性。

（2）多方筹资

新型农村合作医疗资金筹集遵循多方筹资的原则。除了由参加合作医疗的农民按时足额缴纳合作医疗费用以外，乡（镇）、村集体给予资金扶持，中央和地方各级财政每年安排一定专项资金予以支持，确保新型农村合作医疗系统能够正常、平稳地运转。

（3）以收定支，保障适度

新型合作医疗制度的实施坚持与农村社会经济发展水平、农民经济承受能力和医疗卫生服务需求相适应，同时考虑以收定支、收支平衡、略有结余，保证制度持续有效运行，保障农村居民享有基本医疗服务。

3. 主要内容

覆盖对象为全国范围内所有农村居民。采取个人缴费、地方财政和中央财政补助的筹资方式，鼓励农民积极参保。对于不同地区，参合费用不同，财政补助力度也不同。作为以大病统筹兼顾小病理赔为主的农民医疗互助共济制度，新农合一般采取以县（市）为单位进行统筹，主要补助参合农民的住院医疗费用。各统筹地区根据当地实际情况，确定支付范围、支付标准和额度，其中新农合补偿范围由各省（自治区、直辖市）结合实际制定，原则上不能简单套用城镇职工医疗保险相关目录。为解决参合农民常见病、多发病的门诊医疗费用负担问题，部分地区开展门诊统筹试点，将普通门诊医疗费用纳入医疗保险支付范围。

现阶段，国家卫生健康委员会负责全国新农合的综合管理，各地方卫生行政部门负责所辖区域内的新农合工作。由于新农合主要以县（市）级统筹为主，因此主要在各县（市）设立新农合管理机构，即农村合作医疗管理委员会，管理机构还包括县（市）卫生行政部门和财政部门。县（市）新农合管理机构应设立经办机构，负责具体业务工作，如定点医疗机构管理、基金预决算、补偿方案拟订和组织实施、补偿费用审核与支付、信息调查统计、档案管理及业务咨询等。

（四）城乡居民大病保险

城乡居民大病保险是指对城乡居民因患大病时所产生的高额医疗费用给予补偿，避免广大群众因为高额医疗费用负担陷入经济困难的一项补充性制度安排。城乡居民大病保险是基本医疗保险保障制度的拓展和延伸，是对大病患者发生的高额医疗费用给予进一步保障的一项新的制度性安排。城乡居民大病保险的覆盖范围为已参加城镇居民基本医保和新农合的所有城乡居民。城乡居民大病保险资金主要是从城镇居民基本医保基金、新农合基金中按照一定比例或额度进行划拨。具体到不同的地区提取的比例或额度以及资金筹集渠道不尽相同，城镇居民医保和新农合基金有结余的地区，一般利用结余筹集大病保险资金；对于结余不足或没有结余的地区，一般通过在城镇居民医保、新农合年度提高筹资时统筹解决资金来源。城乡居民大病保险的保障范围主要为参保对象在获得城镇居民医保、新农合补偿后需个人负担的合理的医疗费用。

第五节　补充医疗保险

一、补充医疗保险概述

（一）补充医疗保险的概念

补充医疗保险是相对于基本医疗保险的一个概念。广义的补充医疗保险是指除基本医疗保险以外的所有医疗保险形式，即为了满足更高层次的医疗消费需求，由用人单位或个人根据自己的经济收入水平和疾病的严重程度，自愿参加的并起补充作用的各种医疗保险措施。主要形式包括国家公务员医疗补助、企业补充医疗保险、职工医疗互助、商业医疗保险等。

（二）广义补充医疗保险的特征

1. 实施形式多样化

为了满足不同保障对象、不同层次的医疗消费需求，补充医疗保险采取多种不同的实施形式。例如，从保障对象来看，有针对公务员的国家公务员医疗补助；有针对企业职工的企业补充医疗保险和针对职工及其家属的大病医疗互助保险；还有针对更广泛群体的商业健康保险等。从开办主体来看，有政府主办的补充医疗保险，有在政府引导下企业自办的补充医疗保险，有企业主办、职工自愿参加的补充医疗保险，还有工会等社会团体开办的医疗互助保险等。

2. 保障层次更高

补充医疗保险是在基本医疗保险基础上建立起来的，主要补偿保障对象是基本医疗保险封顶线之上以及保障范围之外的医疗费用，以弥补基本医疗保险保障能力的不足。而现阶段，基本医疗保险保障水平受到国家政策目标、资金筹集渠道、保障对象范围、费用支付方式等方面的影响和限制，总体保障能力和水平有限。所以，从补偿水平来看，补充医疗保险保障层次一般要高于基本医疗保险，才能真正起到有效的补充保障作用。

3. 自筹自办

在不同补充医疗保险形式中，除国家公务员医疗补助由政府出资主办外，其他补充医疗保险制度基本采取自筹自办的形式，即资金筹集、管理、运营和支付等都由主办补充医疗保险的非政府部门负责，相对而言较为独立。采取自筹自办，一方面，有利于多渠道筹集医疗保障资金，减轻政府财政负担；另一方面，有利于根据不同的保障对象，有针对性地制定不同的筹资标准和保障水平。

4. 一定程度上的福利性

为了鼓励企业或其他主体建立补充医疗保险，政府一般会给予一定的政策优惠或是直接给予财政补助。例如，国家规定有条件的企业可以建立企业补充医疗保险，对于建立企业补充医疗保险所需资金在工资总额4%以内的部分，允许税前列支，即企业可直接从成本中列支，不再经同级财政部门审批，这在一定程度上体现了补充医疗保险的福利性特征。

二、补充医疗保险主要形式

（一）公务员医疗补助

公务员医疗补助是指国家为了保障公务员的医疗待遇水平不降低而建立的一种补充医疗保险形式。公务员医疗补助对象主要为：符合规定的国家行政机关工作人员和退休人员，经人事部或省（自治区、直辖市）人民政府批准列入依照国家公务员制度管理的事业单位的工作人员和退休人员；经中共中央组织部或省（自治区、直辖市）党委批准列入参照国家公务员制度管理的党群机关，人大、政协机关，各民主党派和工商联机关以及列入参照国家公务员管理的其他单位机关工作人员和退休人员；审判机关、检察机关的工作人员和退休人员公务员医疗补助水平要与当地经济发展水平和财政负担能力相适应，保证公务员原有医疗待遇水平不降低，并随经济发展有所提高。按现行财政管理体制，公务员医疗补助经费由同级财政列入当年财政预算，具体筹资标准一般是参照享受医疗补助人员实际消费水平、同期基本医疗保障水平和工资收入水平，以及财政承受能力等情况合理确定，由当地劳动、财政部门逐年核定。公务员医疗补助经费主要用于基本医疗保险统筹基金最高支付限额以上，符合基本医疗保险用药、诊疗范围和医疗服务设施标准的医疗费用补助；在基本医疗保险支付范围内，个人自付超过一定数额的医疗费用补助；中央和省级人民政府规定享受医疗照顾的人员，在就诊、住院时按规定补助的医疗费用。

公务员医疗补助工作由社会保险经办机构负责，严格执行有关规章制度并建立健全各项内部管理制度和审计制度。劳动保障部门负责对社会保险经办机构进行考核与监督管理；财政部门负责制定医疗补助经费的财务和会计管理制度，并加强财政专户管理，监督检查补助经费的分配和使用；审计部门负责医疗补助经费的审计。

（二）企业补充医疗保险

企业补充医疗保险，是指企业在参加城镇职工基本医疗保险的基础上，国家给予政策鼓励，由企业自主举办或参加的一种补充性医疗保险形式企业补充医疗保险主要补偿基本医疗保险制度支付范围以外由职工个人负担的医疗费用，其目的在于提高参保职工的医疗保障水平，减轻其医疗费用负担。

企业补充医疗保险建立和实施应遵照以下几项基本原则：

企业或单位根据自身实际情况，决定是否实行补充医疗保险计划，国家给予政策上的鼓励和扶持，一般不要求强制建立或参加。一般情况下，只有参加了基本医疗保险的企业才能办理企业补充医疗保险。一方面保障更多参保职工的基本医疗需求，另一方面控制某些企业的逆选择行为企业补充医疗保险是对基本医疗保险的补充，不能替代基本医疗保险。企业补充医疗保险要与城镇职工基本医疗保险有机地对接，互为补充，为广大劳动者建立较全面的医疗保障体系。

企业补充医疗保险资金，经国家社会保障部门批准后由企业和职工按规定共同缴纳企业或行业集中使用和管理，单独建账，单独管理，用于本企业个人负担较重的职工和退休人员的医疗费补助，不得划入基本医疗保险个人账户，也不得另行建立个人账户或变相用于职工其他方面的开支。财政部门和劳动保障部门要加强对企业补充医疗保险资金管理的监督和财务监管，防止挪用资金等违规行为的发生。

一般规模比较大、有一定管理能力的企业，相对而言人数也比较多，从而抗风险能力相对比较强，可以采取自办补充保险的形式。企业可以通过购买商业保险公司的产品与商业保险机构合作，也可以以保险公司的某一相关产品为基础，根据实际情况设计补充医疗保险方案，由商业保险机构根据订制的方案确定费用。

由企业主办、社会医疗保险机构经办的企业补充医疗保险，实质上就是社会医疗保险机构在举办基本医疗保险的基础上，根据企业或其他单位的实际需要，经办该企业或单位基本医疗保险业务之外的补充医疗保险业务。

（三）职工医疗互助

1. 概念

职工医疗互助保险，是指由工会组织等独立机构承办、职工群众自愿参加，职工个人缴费为主、行政资助为辅、职工群众内部互助共济的一种补充医疗保险。我国在城镇职工基本医疗保险改革之初，就开始探索和发展职工医疗互助保险。由中华全国总工会主办的"中国职工保险（保障）互助会"就是以职工互助的形式从事保险业务的组织。该组织主办和经营管理的职工互助保险由工会组织主办，职工个人自愿参加，资金以个人筹集为主，具有群众性、民主性、互助性与补充性等特点。

2. 对象范围

职工互助医疗保险的保障对象主要为中小企业职工及新的基本医疗保险制度取消的原享受半费医疗待遇的职工家属。在保障对象上一般要求以单位团体的形式参加保险，部分地区还要求参加者的数量要占到单位职工总数的80%。参加互助医疗保险的职工及家属在患大病、重病、享受国家基本医疗保险待遇后，个人负担医疗费较高的情况下，可按规定享受相应的互助医疗保险待遇。

3. 资金来源

职工互助医疗保险的资金主要来源于职工自愿为本人和家属缴纳的互助医疗保险费，各级行政部门给予的补助，工会的资助，以及资金的利息等。企业为职工所缴纳的费用按国家有关规定渠道列支，例如，企业未参加企业补充医疗保险，其为职工缴纳互助医疗保险的费用，可经主管财政部门审核同意，允许将工资总额的4%以内部分列入成本。

4. 基金管理和使用

职工互助医疗保险经办机构应加强互助医疗保险基金管理，并建立健全各项规章制度，接受政府、社会和投保企业、职工的监督，保证基金安全和发放。职工互助医疗保险经办机构原则上不以营利为目的。经批准运行一定时期后，确有基金投资营运能力的，必须经当地社会保障行政管理部门和金融保险行政管理部门审核，报经国家金融保险行政管理部门审批，并严格规定投资运营范围，才能进行基金的投资营运。

（四）商业医疗保险

商业医疗保险，一般是指由商业保险公司开办的，以人的身体为保险标的，保证被保险人在合同约定期限内，因疾病或意外伤害导致医疗费用增加或收入减少造成损失时承担保险金给付责任的人身保险。随着社会经济的快速发展、人们保险意识的提高，商业医疗保险已经成为基本医疗保险的重要补充形式之一。

商业医疗保险经营主体主要是以盈利为目的、自负盈亏的商业保险公司。另外，商业医疗保险一般不存在强制性特征，所以商业医疗保险中逆选择现象相对比较严重，即身体健康状况越差的个体越倾向于投保为了防止逆选择，商业医疗保险一般要求体检，保险公司根据体检结果和被保险人健康情况，作出拒保、加费承保或按标准体承保等不同的核保决定。因此，商业医疗保险保障对象主要为自愿投保并符合承保条件的所有个体。

商业医疗保险资金主要来自自愿参保的单位或个人缴纳的保险费，其缴费金额根据参保对象的年龄、身体健康状况、当地经济发展水平、医疗服务消费水平，以及购买险种的保障内容和保险金额等不同而有所不同。因为商业医疗保险是负债经营，绝大部分资金来自投保人所缴纳的保险费，而其中纯保费部分是要返还给遭受风险的被保险人的，所以商业医疗保险资金运营管理受到《中华人民共和国保险法》和《保险资金运用管理暂行办法》等相关法律法规的严格限制和约束，以确保资金投资运营安全，切实保护被保险人的根本利益。

商业医疗保险在进行保险金给付时，要经过非常严格的理赔核查例如，除保险单、缴费凭证、身份证明外，还要求保险金申领人提供就诊证明、诊断报告、医疗费用明细、消费凭证等，必要时，还需要进行现场查勘和对被保险人进行体检等，以减少和防止道德风险的发生，确保商业医疗保险稳定运行。

第五章　工伤保险

第一节　工伤保险概述

一、工伤的含义及分类

工伤是指工作中的意外事故或职业病所致的伤残或死亡。工伤包括两个方面的内容，即由工作引起并在工作过程中发生的事故伤害和职业病伤害。

（一）工伤事故伤害

工伤事故伤害是指在职业活动所涉及的区域内，由于工作环境恶劣、条件不良、任务过重或突发性事故所导致的对劳动者身体的伤害。

（二）职业病

职业病是指企业、事业单位和个体经济组织的劳动者在职业活动中，因接触粉尘、放射性物质和其他有毒、有害物质等因素而引起的疾病。认定的职业病患者必须具备以下几个条件：

第一，患病主体是企业、事业单位或个体经济组织的劳动者，如果该劳动者所在单位并未申报职业病危害项目，则该劳动者所患疾病即使为职业病目录所列病种，也无法认定为工伤；

第二，所患的病是在从事职业活动的过程中产生的；

第三，所患的病是因接触粉尘、放射性物质和其他有毒、有害物质等职业病危害因素引起的；

第四，所患的病是国家公布的职业病分类和目录所列的。

（三）工伤分类

我国的国家标准《企业职工伤亡事故分类》指出，伤亡事故是指企业职工在生产劳动过程中发生的人身伤害、急性中毒。根据不同的研究目的，工伤事故可采取不同的方法分类。

1. 按受伤程度分类

工伤一般分为轻伤和重伤，也可分为：（1）轻伤；（2）中度伤；（3）无生命危险的重伤；（4）有生命危险的重伤；（5）危重、存活和不明。

2. 按致伤因素分类

（1）机械性损伤，如锐器造成的切割伤和刺伤，钝器造成的挫伤，建筑物倒塌造成的挤压伤，高处坠落引起的骨折。（2）物理性损伤，如烫伤、烧伤、冻伤、电损伤、电离辐射损伤。（3）化学性损伤，如强酸、强碱、磷和氢氟酸等造成的灼伤。

3. 按受伤部位分类

按受伤部位，可分为颅脑伤、面部伤、胸部伤、腹部伤和肢体伤。

4. 按皮肤或黏膜表面有无伤口分类

按皮肤或黏膜表面有无伤口，可分为开放性损伤和闭合性损伤。

5. 按受伤组织和器官多寡分类

按受伤组织和器官多寡，可分为单个伤和多发伤。

二、工伤保险的含义及特征

（一）工伤保险的含义

工伤保险亦称工业伤害保险、因工伤害保险、职业伤害赔偿保险。工伤保险是指劳动者在生产经营活动中或在规定的某些特殊情况下所遭受的意外伤害、职业病，以及因这两种情况造成的劳动者死亡、暂时或永久丧失劳动能力时，劳动者及其遗属能够从国家、社会得到的必要的物质补偿的制度。这种补偿既包括医疗康复所需，也包括生活保障所需。

早期的工伤保险实际上是"工伤赔偿"，即劳动者因工伤导致伤残、疾病和死亡时，对劳动者本人或其供养亲属给予经济赔偿和提供物质帮助的一种社会保险制度。随着社会的发展，工伤保险的功能不断延伸。现代意义上的工伤保险，不仅包括对因工伤、残、亡者给予经济补偿和物质帮助，还包括促进企业安全生产、降低事故率及职业病发生率，并通过现代康复手段，使受伤者尽快恢复劳动能力，即工伤预防、工伤补偿、工伤康复三位一体。

（二）工伤保险的特征

1. 最大强制性，最广的实施范围

工伤保险的前身是雇主责任制，早在 100 多年前国家就以立法形式强制雇主必须对雇员的工伤负责。工伤保险实施的范围也是五大险种中最广泛的，凡是实施社会保险的国家，其中有 95% 的国家实施了工伤保险。

2. 最强保障性，最多、最全面的项目

工伤保险不仅仅是一次性的经济补偿，更重要的是对伤残、死亡者全过程的保障。工伤保险项目众多，涵盖医疗、疾病、死亡、康复各个方面的费用。它要解决医疗期的工资、工伤医疗费、伤残待遇以及死亡职工的丧葬费、抚恤费和供养直系亲属的生活待遇给付等问题。在医疗期，除免费医疗外，工伤保险还包括护理津贴、职业康复、伤残重建、生活辅助器具、伤残人员的转业培训与就业以及工伤预防等。

3. 最优待遇

对于工伤保险，个人无须缴纳保险费，但其待遇比医疗、失业和养老保险的待遇都要高。养老保险是保障基本生活；失业保险虽然也是保障失业者的生活，但带有救济性质；工伤保险除了保障伤残人员的生活外，还要根据其伤残情况补偿因工受伤的经济损失。工伤保险待遇优厚，体现国家和社会对那些不畏艰险搞好生产、见义勇为、维持社会秩序、保障人民财产的劳动者进行保护和鼓励的政策倾向。

4. 最宽给付条件

享受工伤待遇不受年龄、工伤条件的限制，凡是因工伤残的，均给付相应待遇。与其他四大社保险种相比，工伤保险这一特征非常明显。

三、工伤保险的原则

与其他四大险种相比，工伤保险在实施过程中遵循如下原则，这些原则体现了该险种的特殊之处。

（一）无过错责任原则

无过错责任原则又称无过失赔偿原则，是指劳动者在生产和工作过程中一旦遭遇工伤事故，无论事故责任属于企业、雇主、相关第三人还是本人，都应依法按照规定的标准享受工伤保险待遇，这与通常意义上待遇给付与责任相挂钩的赔偿方式不同，待遇的给付与责任的追究并没有关系。该原则在很大程度上保障了劳动者在生产、工作中因意外或职业

病遭受人身侵害而应享有的合法权利，是工伤保险与其他几大险种的区别之一。当然，因本人犯罪或故意而造成的"工伤"除外。

（二）个人不缴费原则

工伤事故属于职业性伤害，是指劳动者在生产劳动过程中，为企业、为社会创造价值所付出的代价，所以企业（雇主）应负担全部保险费。工伤保险待遇具有明显的"劳动力修复与再生产投入"性质，属于企业生产成本的特殊组成部分，企业在这部分保费上的投入是完全必要和合理的。工伤保险由单位缴纳，职工个人不缴纳任何费用，这是工伤保险与养老、失业、医疗保险的区别之一。这一点在世界上已达成共识。从国际经验来看，世界上几乎所有国家的工伤保险保费都是由企业（雇主）来承担的。

（三）待遇标准从优原则

考虑到职工为企业建设及发展所作出的贡献与付出的代价，应为受伤、残疾、死亡职工及遗属提供较为优厚的医疗、康复、抚恤待遇。从人性化角度，工伤保险在待遇给付标准上按照从优原则，与养老、医疗、失业、生育等险种相比，更倾向于高标准给付。

（四）工伤保险与工伤预防、工伤康复相结合原则

工伤保险最直接的任务是工伤补偿，以保障伤残职工或遗属的基本生活。现代工伤保险的发展趋势是将工伤补偿与工伤预防、工伤康复结合起来，加强安全生产，减少事故发生，防患于未然。同时，在工伤事故发生时，积极救治受伤职工，采取有力措施，帮助受伤职工尽快恢复健康并重新走上工作岗位。

第二节　我国工伤保险制度

一、工伤保险的覆盖范围

工伤保险的覆盖范围包括中华人民共和国境内的企业、事业单位、社会团体、民办非企业单位、基金会、律师事务所、会计事务所等组织和有雇工的个体工商户。公务员行政单位和参照公务员法管理的事业单位、社会团体的工作人员因工作遭受事故伤害或者患职业病的，由所在单位支付费用。具体办法由国务院社会保险行政部门会同国务院财政部门规定。

由此可见，中华人民共和国境内的各种企业的职工和个体工商户的雇工，均有依照本条例的规定享受工伤保险待遇的权利。根据我国的工伤保险法律规定，用人单位应当承担为职工缴纳工伤保险费的责任。用人单位不仅指企业，还包括有雇工的个体工商户。

用人单位应当为所有职工缴纳工伤保险费，所有职工包括临时工。临时工虽然没有与用人单位签订劳动合同，但只要符合规定条件，就应当确认劳动者与用人单位之间存在事实劳动关系。

二、工伤保险基金的筹集

（一）工伤保险基金的含义

工伤保险基金是社会保险基金的一种，是指为了保障参保职工的工伤保险待遇，按照国家法律、法规规定，由缴费单位按缴费基数的一定比例缴费以及通过其他合法方式筹集的专项资金。工伤保险基金由用人单位缴费的工伤保险费、工伤保险基金的利息和依法纳入工伤保险基金的其他资金构成。

工伤保险基金的筹集，从理论上来说，筹集得越多越能够保障劳动者或其遗属的基本权利，但要考虑到以下两个方面。一方面，筹集的资金要能满足工伤社会保险给付的需要；另一方面，要充分考虑企业（雇主）负担保险费的承受能力，不应该出现由于企业（雇主）缴纳工伤保险费而被迫提高企业产品价格，导致市场竞争力下降、利润下降的现象。

（二）工伤保险基金的缴费基数

《社会保险法》规定，职工应当参加工伤保险，由用人单位缴纳工伤保险费，职工不缴纳工伤保险费。工伤保险实行用人单位单方缴费体现了工伤保险的雇主责任制。工伤是因职业带来的风险造成的，因此，用人单位有义务保障本单位职工的基本权利，使其在遇到工伤事故时能够在就医、生活等方面有所保障。

工伤保险费的缴费基数为本单位职工的工资总额。用人单位一般以本单位职工上年度月平均工资总额为缴费基数。用人单位缴纳工伤保险费的数额为本单位职工工资总额乘以单位缴费费率之积。本单位职工工资总额，是指用人单位直接支付给本单位全体职工的劳动报酬总额，有两点需要强调：一是支付的对象是全体职工，包括农民工、临时工等建立了劳动关系的各种用工形式、用工期限的劳动者，不限于用人单位职工花名册的在册职工；二是工资的构成是劳动报酬总额，包括计时工资、计件工资、奖金、津贴和补贴、加班加点工资以及特殊情况下支付的工资。

（三）工伤保险基金的缴费费率

《社会保险法》规定，国家根据不同行业的工伤风险程度确定行业的差别费率，并根据使用工伤保险基金、工伤发生率等情况在每个行业内确定费率档次。行业差别费率和行业内费率档次即浮动费率由国务院社会保险行政部门制定，报国务院批准后公布施行。社会保险经办机构根据用人单位使用工伤保险基金、工伤发生率和所属行业费率档次等情况，确定用人单位缴费费率。

实行"行业差别费率"和"行业内费率档次"确定工伤保险费率的初衷，主要是利用费率杠杆促进企业工伤预防和安全生产，由于各行业在产业结构、生产类型、生产技术条件、管理水平等方面的差异，表现出不同的职业伤害风险，为了体现保险费用公平负担，促使事故多的行业改进生产条件、提出生产技术、搞好安全生产，很多国家都实行了差别费率制度。

关于行业差别费率，我国国民经济行业分为三类，分别确定不同的费率，平均缴费率原则上控制在职工工资总额的1%左右。一类行业属于风险较小行业，如金融保险、商业、餐饮业、邮电、广播等，基准费率为0.5%；二类行业为中等风险行业，如农林水利、一般制造业，基准费率为1%；三类行业为风险较大行业，如石油开采加工、矿山开采加工等，基准费率为2%。

关于用人单位内部浮动费率。目前实行的浮动费率的情况是：在三类行业中，一类行业不浮动，二类行业和三类行业的用人单位可以实行浮动费率，浮动依据是根据用人单位工伤保险费使用、工伤发生率、职业病危害程度等因素，1~3年浮动一次。具体做法是，在行业基准费率的基础上，可上下各浮动两档。上浮第一档为本行业基准费率的120%，第二档为150%；下调第一档为本行业基准费率的80%，第二档为50%。

三、工伤的认定

（一）工伤认定的含义

工伤认定是指劳动行政部门依据法律的授权对职工因事故伤害（或者患职业病）是否属于工伤或者视同工伤给予定性的行政确认行为。工伤认定是职工是否享受工伤保险待遇的前提条件，直接关系职工及其直系亲属的权益。

我国的工伤认定，是指工伤认定机构（社会保险行政部门）根据工伤保险法律法规及相关政策的规定，确定职工受到的伤害，按照是否属于应当认定为工伤、视同工伤以及不得认定为工伤的情形来确定。工伤认定的对象一般包括具备下列条件的职工：一是存在受到伤害或者患职业病的事实；二是有相关的医疗诊断证明或职业病诊断证明。

（二）认定工伤的情形

1. 在工作时间和工作场所内，出于工作原因受到事故伤害的

这里的"工作时间"，是指法律规定的或者单位要求职工工作的时间。《中华人民共和国劳动法》规定劳动者每日工作时间不超过 8 小时，平均每周工作时间不超过 40 小时，这段时间就属于职工的工作时间。对于那些实行不定时工作制的职工来说，单位确定的职工应该工作的时间，属于该职工的工作时间。此外，合法的加班期间以及单位违法延长工时的期间也属于职工的工作时间，职工在此期间受到的事故伤害，属于应当认定工伤情形的，应按规定将其认定为工伤。这里的"工作场所"可以具体表述为职工日常工作所在的场所，以及领导临时指派其从事工作的场所。

职工在本岗位工作，或虽不在本岗位工作，但由于其所在单位的设备和设施不安全、管理不善，以及本单位领导指派到本单位以外从事工作时，所发生的人身伤害和急性中毒事故。它的本质特征是出于工作原因直接或间接造成的伤害和急性中毒事故。

按照伤亡原因划分，工伤事故可以分为：物体打击、车辆伤害、机械伤害、起重伤害、触电、淹溺、灼烫、火灾、高处坠落、坍塌、冒顶片帮、透水、放炮、火药爆炸、瓦斯爆炸、锅炉爆炸、容器爆炸、其他爆炸、中毒、窒息和其他伤害。

死亡事故是指在劳动场地当时死亡或伤后 1 个月内死亡的事故。

2. 工作时间前后在工作场所内，从事与工作有关的预备性或者收尾性工作受到事故伤害的

这里的"从事与工作有关的预备性或收尾性工作"，主要是指在法律规定的或者单位要求的开始工作时间之前的一段合理时间内，以及在法律规定的或者单位要求的结束工作时间之后的一段合理时间内，职工在工作场所内从事本职工作或者领导指派的其他与工作有关的准备工作和收尾工作。准备工作，如运输、备料、准备工具等；收尾性工作，如清理场所、收拾工具等。

3. 工作时间和工作场所内，因履行工作职责受到暴力等意外伤害等

这里的"工作时间"是指法律规定的或者单位依法要求工作的时间，以及在工作时间前后所做的预备性或收尾性工作所占据的时间。这里的"工作场所"，既应包括本单位内的工作场所，也应包括因工作需要或者领导指派到本单位以外去工作的工作场所。

这里所称的"因履行工作职责受到暴力等意外伤害的"有两层含义：一是指在工作时间和工作场所内，职工因履行工作职责受到的暴力伤害；二是指职工在工作时间和工作场所因履行工作职责受到的意外伤害。

4. 患职业病的

职业病是指企业、事业单位和个体经济组织的劳动者在职业活动中，因接触粉尘、放射性物质和其他有毒有害物质等因素而引起的疾病。它的特征是在有害的环境下工作所患的疾病。

5. 因工外出期间，出于工作原因受到伤害或者发生事故下落不明的

这里"因工外出"是指，职工由于工作需要到本单位以外从事与本职工作有关的工作。主要包括两种情形：一是到本单位以外的但是还在本地范围内；二是到本地区以外的境外。在第一种情形下，既可以是受领导指派，也可以是因职责需要自行到本单位以外的情形。"下落不明"是指职工离开其住所或最后居住地或者其工作单位没有任何音讯的情况。

6. 在上下班途中，受到非本人主要责任的交通事故或者城市轨道交通、客运轮渡、火车事故伤害的

工伤认定的范围：一是实现职工上下班交通工具选择的全覆盖。交通事故是指车辆在道路上因过错或者意外造成的人身伤亡或者财产损失的事件。车辆是指机动车和非机动车，就是说，受到助动车、电瓶车等非机动车事故伤害的，纳入工伤认定的范围，把职工乘轨道交通、客运轮渡、火车上下班受到的伤害，也纳入工伤范围，实现职工上下班交通工具选择的全覆盖。二是结果限制，能否认定工伤取决于本人承担的责任程度。只有职工在交通事故中受到出于同等责任或者次要责任、无责任的原因的伤害，才能认定为工伤。

7. 法律、行政法规规定应当认定为工伤的其他情形

在现实生活中，伤害的情形是复杂而多样的，随着社会和人类生产活动的发展，可能出现新的应该认定为工伤的情形，而对于未来可能出现的情形，不可能在《工伤保险条例》中规范穷尽。为了使工伤范围的规定更科学、更合理，《工伤保险条例》规定，职工有"法律、行政法规规定应当认定为工伤的其他情形"的，应当认定为工伤。

（三）视同工伤的情形

1. 在工作时间和工作岗位，突发疾病死亡或者在48小时之内经抢救无效死亡的

这里所称的"工作时间"，是指法律规定的或者单位要求职工工作的时间，包括加班加点时间。这里所称的"工作岗位"，是指职工日常所在的工作岗位和本单位领导指派从事工作的岗位。这里的"突发疾病"是指上班期间突然发生的任何种类的疾病。"48小时之内"的起算时间，应从医疗机构的初次接诊时间开始计算。

2. 在抢险救灾等维护国家利益、公共利益活动中受到伤害的

这项规定主要考虑到，职工参与抢险救灾等维护国家利益、公共利益活动的行为，虽然与工作没有直接的关系，但这种行为应该得到国家和社会的提倡与保护，职工由此受到的伤害应该得到相应的补偿。这里所称的"维护国家利益、公共利益活动"，是指职工在国家利益、社会利益或者公共利益受到威胁时，有组织或者自发施行的、旨在阻止或者减少这种威胁及其可能造成损失的行为。《工伤保险条例》列举了"抢险救灾"的情形，凡是与抢险救灾性质类似的行为，都应该认定为属于维护国家利益和维护公共利益的行为。例如，不特定主体为使国家、公共利益和他人的人身、财产和其他权利免受侵害而采取制止侵害的行为而受到的伤害，也应该按照该项规定，将其认定为视同工伤。需要强调的是，在这种情形下，工伤认定不受工作时间、工作地点、工作原因等条件的限制。

3. 职工原在军队服役，因战、因公负伤致残，已取得革命伤残军人证，到用人单位后旧伤复发的

《工伤保险条例》规定，事故原在军队服役，因战、因公负伤致残，已取得革命伤残军人证，到用人单位后旧伤复发的，视同工伤，并按照本条例的有关规定享受除一次性伤残补助金以外的工伤保险待遇。军人"旧伤复发"的确认应由协议医疗机构出具相应的医疗诊断并由具有认定权的工伤认定机构进行确认。这主要是考虑职工原在军队服役期间，因工负伤致残后，以及按照军人的规定享受了各项待遇，工伤保险制度应该支付的是伤残军人旧伤复发后新发生的费用及长期的生活待遇。

上述三种情形都与工作没有直接或间接的关系，不具有职业伤害的本质属性，但是将其纳入工伤补偿范围有其合理性。视同工伤的职工享受的工伤保险待遇，与认定为工伤的情形没有区别，无论视同为工伤还是认定为工伤，都应按照《工伤保险条例》的规定享受工伤保险待遇。

四、劳动能力鉴定

（一）劳动能力鉴定的含义

劳动能力鉴定是指职工因工负伤或者非因工负伤以及疾病等原因，导致本人劳动与生活能力受损，根据用人单位、本人或者其近亲属的申请，由劳动能力鉴定委员会的专家根据国家制定的标准，遵循国家相关政策法规，运用医学手段和方法，确定劳动者伤残程度和丧失劳动能力程度的一种评定制度。

（二）劳动能力鉴定的等级及标准

根据我国《工伤保险条例》的相关规定，劳动功能障碍分为 10 个伤残等级，最重的为一级，最轻的为十级。生活自理障碍分为 3 个等级：生活完全不能自理、生活大部分不能自理和生活部分不能自理。劳动能力鉴定标准由国务院社会保险行政部门会同国务院卫生行政部门等制定。

五、工伤保险待遇

工伤保险待遇涉及医疗、残疾、康复、死亡这几个方面，无论是从范围上还是从给付标准上，工伤保险的待遇水平都相对较高。具体的工伤保险待遇包括以下几个方面。

（一）工伤医疗期间待遇

新《工伤保险条例》规定，职工因工作遭受事故伤害或者患职业病进行治疗，享受工伤医疗待遇。社会保险行政部门作出认定为工伤的决定后发生行政复议、行政诉讼的，行政复议和行政诉讼期间不停止支付工伤职工治疗工伤的医疗费用。工伤医疗期间的待遇包括：停工留薪期待遇、工伤医疗待遇和其他待遇等。

1. 停工留薪期待遇

停工留薪期待遇是指职工因工作遭受事故伤害或者患职业病需要暂停工作接受工伤医疗的，在停工留薪期内，原工资福利待遇不变，由所在单位按月支付。

停工留薪期一般不超过 12 个月。伤情严重或者情况特殊，经设区的市级劳动能力鉴定委员会确认，可以适当延长，但延长不得超过 12 个月。工伤职工评定伤残等级后，停发原待遇，按照有关规定享受伤残待遇。工伤职工在停工留薪期满后仍需治疗的，继续享受工伤医疗待遇。

2. 工伤医疗待遇

工伤医疗待遇是指职工发生工伤事故后，治疗工伤所需费用符合工伤保险诊疗项目目录、工伤保险药品目录、工伤保险住院服务标准的，由工伤保险基金支付。工伤保险诊疗项目目录、工伤保险药品目录、工伤保险住院服务标准，由国务院劳动保障行政部门会同国务院卫生行政部门、药品监督管理部门等规定。

职工治疗工伤应当在签订服务协议的医疗机构就医，情况紧急时可以先到就近的医疗机构急救。工伤职工治疗非工伤引发的疾病，不享受工伤医疗待遇，按照疾病医疗保险办法处理。

工伤职工到签订服务协议的医疗机构进行工伤康复的费用，符合规定的，从工伤保险基金中支付。

（二）伤残待遇

1. 一级至四级伤残待遇

一次性伤残补助金：一级伤残为27个月的本人工资，二级伤残为25个月的本人工资，三级伤残为23个月的本人工资，四级伤残为21个月的本人工资。按月享受伤残津贴：一级伤残为本人工资的90%，二级伤残为本人工资的85%，三级伤残为本人工资的80%，四级伤残为本人工资的75%。伤残津贴实际金额低于当地最低工资标准的，工伤保险基金补足差额。

被评定为一级至四级伤残的工伤职工，单位保留其劳动关系，退出工作岗位。工伤职工到退休年龄并办理退休手续后，停发伤残津贴，享受基本养老保险待遇。基本养老保险待遇低于伤残津贴的，工伤保险基金补足差额。用人单位和职工个人以伤残津贴为基数，缴纳基本医疗保险费。

此处的本人工资，是指工伤职工因工作遭受事故伤害或者患职业病前12个月平均月缴费工资。本人工资高于统筹地区职工平均工资300%的，按照统筹地区职工平均工资的300%计算；本人工资低于统筹地区职工平均工资60%的，按照统筹地区职工平均工资的60%计算。

2. 五级、六级伤残待遇

一次性伤残补助金：五级伤残为18个月的本人工资，六级伤残为16个月的本人工资。

保留与用人单位的劳动关系，由用人单位安排适当工作。难以安排工作的，由用人单位按月发给伤残津贴，五级伤残为本人工资的70%，六级伤残为本人工资的60%，并由用人单位按照规定为其缴纳应缴纳的各项社会保险费。

伤残津贴实际金额低于当地最低工资标准的，由用人单位补足差额。经职工本人提出，可以与用人单位解除或终止劳动关系，由用人单位分别以其解除或终止劳动关系时的统筹地区上年度职工月平均工资为基数，支付伤残就业补助金（具体标准由省、自治区、直辖市人民政府规定），由工伤保险基金支付一次性工伤医疗补助金。

3. 七级至十级伤残待遇

享受一次性伤残补助金：七级伤残为13个月的本人工资，八级伤残为11个月的本人工资，九级伤残为9个月的本人工资，十级伤残为7个月的本人工资。

劳动合同期满终止，或者职工本人提出解除劳动合同的，由用人单位分别按其解除或终止劳动合同时的统筹地区上年度职工月平均工资为基数，支付本人一次性伤残就业补助金（具体标准由省、自治区、直辖市人民政府规定），由工伤保险基金支付一次性工伤医疗补助金。

（三）工亡待遇

职工因工死亡，其近亲亲属按照下列规定从工伤保险基金领取丧葬补助金、供养亲属抚恤金和一次性工亡补助金。

第一，丧葬补助金为 6 个月的统筹地区上年度职工月平均工资。

第二，供养亲属抚恤金按照职工本人工资的一定比例发给由因工死亡职工生前提供主要生活来源、无劳动能力的亲属。

供养亲属抚恤金的标准为：配偶每月 40%，其他亲属每人每月 30%，孤寡老人或者孤儿每人每月在上述标准的基础上增加 10%。核定的各供养亲属的抚恤金之和不应该高于因工死亡职工生前的工资。供养亲属的具体范围由国务院社会保险行政部门规定。

第三，一次性工亡补助金标准为上一年度全国城镇居民人均可支配收入的 20 倍。伤残职工在停工留薪期间内因工伤导致死亡的，其近亲属享受前述丧葬补助金的待遇。一级至四级伤残职工在停工留薪期满后死亡的，其近亲属可以享受前述丧葬补助金及供养亲属抚恤金的待遇。

（四）停止享受待遇的情形

享受工伤保险待遇有一定的条件，比如必须由社会保险行政部门认定为工伤，享受伤残待遇必须由鉴定机构进行伤残等级的鉴定等。如果条件不成立或者丧失后，那么职工的工伤保险待遇就可能终止或者丧失。《工伤保险条例》和《社会保险法》都规定了工伤保险待遇停止的情形，并且两者的规定是一致的。

1. 丧失享受待遇条件的

工伤保险制度是以工伤职工为特定的保护对象的，其目的在于使工伤职工因遭受意外伤害或者患职业病丧失或者部分丧失劳动能力时能够获得医疗救治和经济救助，在工伤待遇期间，如果工伤职工的情况发生了变化，不再具备享受工伤保险待遇的条件（如劳动能力得以完全恢复而无须工伤保险制度来提供保障时），就应当停止工伤保险待遇。此外，工亡职工的亲属，在某些情形下，也可能丧失享受有关待遇的条件，如享受供养亲属抚恤金的工亡职工的子女达到一定的年龄或就业后，丧失享受抚恤待遇的条件；亲属死亡的，丧失享受遗属抚恤待遇的条件等。

2. 拒不接受劳动能力鉴定的

劳动能力的鉴定是确定工伤保险待遇的基础和前提条件。不同的伤残等级所享受的工伤保险待遇是不同的。伤残等级以及生活自理能力的确定必须通过劳动能力鉴定活动来确定，劳动能力鉴定结论是确定不同程度的补偿、合理调换工作岗位和恢复工作等的科学依据。如果工伤职工没有正当理由，拒不接受劳动能力鉴定，则会产生工伤保险待遇无法确定的结果，同时这也反映了这些工伤职工并不愿意接受工伤保险制度提供的帮助。鉴于此，既然工伤职工拒不接受劳动能力鉴定，那么就不应再享受工伤保险待遇。

3. 拒绝治疗的

提供医疗救治，帮助工伤职工恢复劳动能力，是工伤保险制度的重要目的之一，因而职工遭受工伤事故或患职业病后，有享受工伤医疗待遇的权利，也有积极配合医疗救治的义务。如果无正当理由拒绝治疗，就有悖于《工伤保险条例》第一条"促进职业康复"的宗旨。规定拒绝治疗的工伤职工不得再继续享受工伤保险待遇，就是为了促使工伤职工积极接受治疗，尽可能地恢复劳动能力，以提高自己的生活质量，而不是一味地消极依靠社会救助。但是，如果确有事实和证据证明这种治疗有害于工伤职工，而不是促进职业康复的，不应排除工伤职工的工伤保险待遇。

（五）未参保职工发生工伤后的待遇支付

用人单位按照《工伤保险条例》规定应当参加工伤保险而未参加的，由劳动保障行政部门责令改正；未参加工伤保险期间用人单位职工发生工伤的，由该用人单位按照《工伤保险条例》规定的工伤保险待遇项目和标准支付费用。

（六）特殊人群的工亡待遇支付

第一，退休后的工伤保险待遇。退休前认定为工伤的职工，退休后基本养老保险待遇低于伤残津贴的，由工伤保险基金补足差额；退休后由工伤保险基金继续支付生活护理费和辅助器配备、更换费用；退休后旧伤复发，由工伤保险基金支付工伤医疗待遇。

第二，职工退休前参加了工伤保险，退休后被诊断为职业病并被认定为工伤的，应该享受工伤医疗待遇。

第三，对跨省流动的农民工一级至四级伤残长期待遇的支付，可选择一次性或长期支付方式。一次性享受工伤保险长期待遇的，须由农民工本人提出，与用人单位解除或者终止劳动关系，与统筹地区社会保险经办机构签订协议，终止工伤保险关系。待遇标准按照省（自治区、直辖市）劳动保障行政部门制定的标准计发。

第四，用人单位未按照规定及时足额缴费的，在此期间发生工伤的各项待遇由用人单位负担。用人单位补缴工伤保险费后并正常缴费，在此之后工伤职工的各项待遇和新发生工伤及各项待遇由工伤保险基金支付。

（七）工亡保险基金先行支付的情况

职工所在用人单位未依法缴纳工伤保险费，发生工伤事故时，由用人单位支付工伤保险待遇。用人单位不支付的，从工伤保险基金中先行支付。先行支付的工伤保险待遇应当由用人单位偿还。用人单位不偿还的，社会保险经办机构可以依照规定追偿。出于第三人的原因造成工伤，第三人不支付工伤医疗费用或者无法确定第三人的，由工伤保险基金先行支付，工伤保险基金先行支付后，有权向第三人追偿。

第三节　工伤保险实务

一、工伤保险的管理服务机构

（一）工伤保险经办机构

社会保险经办管理机构是工伤保险相关事务的执行机构，负责贯彻落实国家工伤保险政策的责任人。由于工伤保险还涉及医疗、康复、辅助器具的配置等机构的配合与服务。因此，工伤保险经办机构要与医疗机构、康复机构、辅助器具配置机构签订服务协议，进行协议管理。

根据《工伤保险条例》的规定，经办机构与医疗机构、辅助器具配置机构在平等协商的基础上签订服务协议，并公布签订服务协议的医疗机构、辅助器具配置机构的名单。

服务协议是指社会保险经办机构与医疗机构、辅助器具配置机构就有关工伤患者就诊、用药、辅助器具安装配置管理、费用给付、争议处理等事项，经过平等协商所达成的权利与义务协议。

经办机构与服务机构签订服务协议，一是利用协议规范工伤保险医疗服务管理、康复服务管理和安装配置辅助器具管理，约束双方行为，明确双方的责任、权利和义务是指，保障工伤职工得到及时有效的救治、康复和安装配置辅助器具；同时，服务机构在相关费用方面能够及时结算，保障工伤职工和服务机构的合法权益。二是加强对服务机构的监督检查，控制不合理费用支出，使有限的工伤保险基金发挥更大的效用。三是有利于调动供方的主动性和积极性，对内加强管理，对外参与竞争，提高医疗、康复治疗和服务质量，控制不合理支出，避免资源浪费，使工伤职工在遭受事故伤害或患职业病后能够得到高质量的医疗、康复和辅助器具安装配置服务，最大限度地恢复健康。

（二）工伤保险医疗机构

医疗机构必须具备法定资格条件，按照规定，经登记取得"医疗机构执业许可证"，具备工伤事故和职业病救治所必需的条件，有较高的医疗技术水平和良好的医疗服务设施，具备为工伤职工提供良好医疗服务的能力，遵守工伤保险管理的有关规定。

职工发生事故伤害或按照规定被诊断、鉴定为职业病需要进行治疗的，应在工伤保险协议医疗机构就医。因情况紧急必须在就近医疗机构急救的，待病情稳定后及时转往工伤保险协议医疗机构治疗。

转诊转院申请由工伤保险协议医疗机构提出，经办机构同意后，方可办理转诊转院手续。工伤职工经批准转往异地治疗的，应转入当地工伤保险协议医疗机构。转出地经办机构可委托转入地经办机构协助进行费用审核与控制。

工伤医疗确定不予支付的范围包括：职工治疗工伤期间发生的治疗非工伤引发的疾病所发生的医疗费用；在境外发生的医疗费用；违反规定在非工伤保险协议医疗机构治疗发生的医疗费用；未经经办机构同意，擅自转院发生的费用；接到出院通知后，拒不出院所发生的医疗费用；不符合工伤保险药品目录、诊疗项目目录、住院服务标准的医疗费用等。

（三）工伤保险康复机构

工伤保险康复服务机构可选择专门的康复机构，或者是综合医疗机构的康复医学科。

经办机构应与选定的康复机构在平等协商的基础上签订包括服务对象、服务范围、服务质量、服务期限及解除协议的条件、费用结算办法、费用审核等内容的书面协议，明确双方的责任、权利和义务。

工伤职工在治疗、恢复期间或病情稳定后，可向经办机构提出医疗康复或职业康复的申请。经办机构委托工伤保险协议康复机构进行医疗康复评定或职业能力测定后，决定是否同意申请。

工伤职工医疗康复结束后，工伤保险协议康复机构应向经办机构提供康复评定报告，评定工伤职工总的功能情况，评价康复治疗的效果。

工伤职工在工伤保险协议康复机构进行康复期间发生的符合工伤保险规定的费用，由经办机构直接与康复机构结算。

工伤职工转往异地进行医疗（职业）康复时，须由当地工伤保险协议康复机构提出申请，经过经办机构同意。具体办法由省级劳动保障行政部门制定。

（四）工伤保险辅助器具配置机构

统筹地区经办机构应根据当地工伤保险的工作需要，择优选择辅助器具配置机构，与其平等协商签订工伤职工辅助器具配置服务协议。

工伤职工因日常生活或就业需要，要求配置辅助器具的，工伤医疗机构、康复机构或劳动能力鉴定专家可向劳动能力鉴定委员会提出辅助器具配置建议，由劳动能力鉴定委员会在规定时间内依据国家有关规定和标准作出决定，并及时送达工伤职工及其所在单位和经办机构。

统筹地区经办机构应按照辅助器具配置决定，组织签订服务协议的辅助器具生产配置机构为工伤职工配置辅助器具，并按照国家规定的标准进行费用结算。

二、工伤登记

工伤登记是指社会保险经办机构依据国家工伤保险政策的规定，对遭受工伤事故或患职业病的人员进行工伤事故备案、工伤职工登记、工伤保险关系变动、劳动能力鉴定登记、就医登记的过程。工伤登记是确定工伤保险待遇享受资格的前提。办理工伤登记，应接收有关资料并审核相应的登记表，核准后登录基本信息并建立相应台账。

（一）工伤事故备案

职工受到事故伤害或患职业病后，参保单位应积极救治并在规定时限内办理备案登记手续。办理工伤事故备案时，应接收缴费单位提供的注明工伤事故发生的时间、地点、事故经过、职工伤亡情况、救治医院等信息的工伤事故备案表，将备案信息进行登录。对发生重伤和死亡事故的，应配合劳动保障行政部门到事故现场进行调查，核定伤亡职工人数、受伤职工的身份、主要受伤部位、救治过程等情况。

（二）工伤职工登记

对因工发生事故伤害或者被诊断、鉴定为职业病，经劳动保障行政部门认定为工伤的职工，应办理工伤职工登记。对已进行工伤备案的，在接受工伤认定结论后办理工伤登记手续。办理工伤职工登记时，接收缴费单位填报的工伤职工登记表、劳动保障行政部门出具的工伤认定书、劳动能力鉴定委员会出具的工伤职工停工留薪期确认书，因工死亡的还需接收死亡证明，重点审核缴费单位的缴费情况、工伤职工的身份、缴费单位申请工伤认定情况、停工留薪期等信息，并建立工伤职工数据库。

（三）工伤保险关系变动

对社会保险关系发生变动的工伤职工，应随之办理工伤保险关系变动手续。在办理社会保险关系减少变动前，应先结清工伤保险各项待遇；在办理社会保险增加变动后，及时接续工伤保险关系或办理工伤职工登记。

（四）劳动能力鉴定登记

对工伤职工停工留薪期满或伤情相对稳定后存在残疾影响劳动能力的，旧伤复发或供养亲属完全丧失劳动能力等原因需要进行劳动能力鉴定的，以及进行劳动能力复查鉴定的，应接收并审核劳动能力鉴定结论，办理劳动能力鉴定登记手续，登录劳动能力鉴定时间、鉴定原因、鉴定结论，作为核定工伤保险待遇的依据。

（五）就医登记

第一，对工伤职工需住院治疗的，应接收协议医疗机构开具的住院证和工伤职工的身份证明办理住院登记手续；委托他人办理的，还应接收代办人的身份证明。对符合住院条件的，开具同意住院的确认书。对实现联网的医疗机构，可直接在医院办理住院登记，经办机构在 24 小时内进行网上确认。

第二，对工伤职工需在统筹地区协议医疗机构之间转诊转院治疗的，应接收转出医院开具的转诊转院证明办理登记手续。因伤（病）情特殊需要到外地（统筹地区外）就医的，还应接收工伤职工和参保单位提出的书面申请及转出医疗机构出具的诊断证明。

第三，对工伤职工居住在外地（统筹地区外），经劳动能力鉴定委员会确定需要长期治疗的，应为工伤职工办理在当地选择的工伤保险协议医疗机构的备案手续。

第四，对工伤职工因功能有缺失或障碍需进行康复治疗的，应接收协议康复机构提出的治疗方案。

三、工伤认定程序

工伤的认定是由法律规定的机构对特定伤害是否属于工伤范围的确认，是确定给付工伤保险待遇的依据。在我国，进行工伤认定的法定机构是各级各地劳动保障行政部门。

（一）工伤的认定申请

职工所在单位应当自事故发生之日或按照《职业病防治法》，被诊断、鉴定为职业病之日起 30 日内，向统筹地区劳动保障行政部门提出工伤认定申请。用人单位未按规定提出工伤认定申请的，工伤职工或者直系亲属、工会组织在事故伤害发生之日起或者被诊断、鉴定为职业病之日起一年内，可以直接向用人单位所在统筹地区劳动保障行政部门提出工伤认定申请。用人单位未在规定时限内提交工伤认定申请，在此期间发生符合本条例规定的工伤待遇等有关费用由该用人单位负担。

提出工伤认定申请应当提交下列材料：（1）工伤认定申请表；（2）与用人单位存在劳动关系（包括事实劳动关系）的证明材料；（3）医疗诊断证明或者职业病诊断说明书（或者职业病诊断鉴定书）。

工伤认定申请表应当包括事故发生的时间、地点、原因以及职工伤害程度等基本情况。

工伤认定申请人提供材料不完整的，劳动保障行政部门应当一次性书面告知工伤认定申请人需要补正的全部材料。申请人按照书面告知要求补正材料后，社会保险行政部门应当受理。

（二）工伤认定的审核

劳动保障行政部门自受理工伤认定申请后，根据审核需要可以对事故伤害进行调查核实，用人单位、职工、工会组织、医疗机构以及有关部门应当给予协助。职业病诊断和诊断争议的鉴定，依照职业病防治法的有关规定执行，对依法取得职业病诊断证明书或职业病诊断鉴定的，劳动保障行政部门不再进行调查核实。

职工或者其近亲属认为是工伤、用人单位不认为是工伤的，由用人单位承担举证责任。

（三）工伤认定

劳动保障行政部门应当自受理工伤认定申请之日起 60 日内作出工伤认定的决定，并书面通知申请工伤认定的职工或者其近亲属和该职工所在单位。劳动保障行政部门对受理的事实清楚、权利与义务明确的工伤认定申请，应当在 15 日内作出工伤认定的决定。作出工伤认定决定需要以司法机关或者有关行政主管部门的结论为依据的，在司法机关或者有关行政主管部门尚未作出结论期间，作出工伤认定决定的时限中止。

劳动保障行政部门工作人员与工伤认定申请人有利害关系的，应当回避。

四、劳动能力鉴定申请

（一）劳动能力鉴定的受理范围

劳动能力鉴定的受理范围一般包括工伤伤残等级鉴定、因病办理病退鉴定及委托鉴定三大类。其中，委托鉴定又有以下几种情况：（1）非法用工、童工及聘用退休人员发生工伤；（2）用人单位、工会组织委托超过工伤认定时限的；（3）因公负伤职工旧伤复发有争议的因果关系确认；（4）因公负伤与疾病界限不明的因果关系确认；（5）外省市劳动能力鉴定委员会委托进行劳动能力鉴定的；（6）法院、劳动仲裁、信访等部门委托按工伤鉴定标准鉴定处理的。

（二）劳动能力鉴定

劳动能力鉴定由用人单位、工伤职工或者其直系亲属向设区的市级劳动能力鉴定委员会提出申请，并提供工伤认定决定和职工工伤医疗的有关资料。

（三）劳动能力的鉴定部门

省、自治区、直辖市劳动能力鉴定委员会和设区的市级劳动能力鉴定委员会分别由省、自治区、直辖市和设区的市级社会保险行政部门、卫生行政部门、工会组织、经办机构代表以及用人单位组成。劳动能力鉴定委员会建立医疗卫生专家库。

设区的市级劳动能力鉴定委员会收到劳动能力鉴定申请后，应当从其建立的医疗卫生专家库随机抽取 3 名或者 5 名相关专家组成专家组，由专家组提出鉴定意见。设区的市级劳动能力鉴定委员会根据专家组的鉴定意见作出工伤职工劳动能力鉴定结论；必要时，可以委托具备资格的医疗机构协助进行有关的诊断。

劳动能力鉴定委员会收到劳动能力鉴定申请后，应当从建立的医疗卫生专家库中随机抽取 3 名或者 5 名专家组成专家组，由专家组提出鉴定意见。设区的市级劳动能力鉴定委员会根据专家组的鉴定意见，作出工伤职工劳动能力鉴定结论。

设区的市级劳动能力鉴定委员会应当自收到劳动能力鉴定申请之日起 60 日内，作出劳动能力鉴定结论，必要时可以延长 30 日。劳动能力鉴定结论应当及时送达申请鉴定的单位和个人。

（四）鉴定标准

劳动能力鉴定包括劳动功能障碍程度和生活自理障碍程度的等级鉴定。劳动功能障碍分为十个伤残等级，最重的为一级，如器官缺失或功能完全丧失，其他器官不能代偿，存在特殊医疗依赖或完全或大部分护理依赖。最轻的为十级，如器官部分缺失，形态异常，无功能障碍，无医疗依赖，无护理依赖。

五、工伤保险待遇审核与支付

（一）享受待遇人员资格的核定

享受待遇人员资格的核定是指经办机构对用人单位为受伤员工及时足额缴费情况，工伤认定、劳动能力鉴定情况，单位申报工伤认定时间是否符合规定，因工死亡职工分类及享受供养亲属抚恤金人员的资格进行审核。

第一，经办机构对三类人员的资格进行审核，即工伤职工、工亡职工、供养亲属。

第二，进行享受待遇人员资格审核时，经办机构受理申请人填写的待遇申请表，要求其提供居民身份证或户口簿、工伤认定结论、劳动能力鉴定结论、因工死亡职工供养亲属身份及供养关系公证材料等。

第三，经办机构对以下材料进行审核：申请人提供的工伤认定结论；该职工发生工伤时，其所在单位参保缴费情况；参保单位是否在事故发生或职业病诊断（鉴定）后的规定时间内申请了工伤认定；工亡职工供养亲属有关证明材料。

第四，审核通过后，确定享受待遇人员名单，明确支付责任，并将审核意见告知申请人。

第五，享受待遇资格的验证。经办机构对工伤职工享受工伤待遇资格和供养亲属待遇资格每年验证一次，包括职工参保信息、领取待遇人员的生存状况、待遇支付信息等。

（二）工伤医疗待遇审核

工伤医疗（康复）待遇审核是指经办机构对职工发生事故伤害或者按照《职业病防治法》规定被诊断、鉴定为职业病，经认定为工伤的职工所发生的医疗、康复费用是否符合国家和地方有关规定进行审核。

第一，职工在工伤认定前的工伤医疗费用及统筹地区以外就医的工伤医疗费用由参保单位垫付，待接到工伤认定结论后，到经办机构按规定进行审核。

第二，经办机构受理申请人填写的费用核定表，并要求提供工伤职工的医疗（康复）票据和费用清单（处分）、医疗诊断证明书等材料。

第三，经办机构对工伤职工各项检查治疗是否与工伤部位、职业病病情相符合，是否符合规定的项目、目录、标准等进行审核。

第四，经办机构根据相关标准计算核定工伤职工住院伙食补助费、到统筹地区以外就医交通食宿费的数额。

第五，工伤职工终止或解除劳动合同，按照伤残等级标准核定一次性医疗补助金。

第六，审核通过后，经办机构计算申领人的医疗（康复）待遇数额，并将审核意见告知申请人。

第七，职工经认定为工伤，或者工伤职工旧伤复发的，经办机构对工伤医疗（康复）费用进行审核，并与协议医疗（康复）机构之间结算费用。

第八，待遇申领人对工伤医疗（康复）待遇核定金额有异议，提出重核申请时，经办机构应予以重核，并将重核结果告知待遇申领人。

（三）伤残待遇核定

伤残待遇核定包括一次性伤残补助金、伤残津贴、生活护理费和辅助器具配置费等内容。符合一次性领取资格的人员，按相关规定执行。

第一，经办机构受理工伤职工伤残待遇申请，并审查通过资格核定的待遇申领表、劳动能力鉴定结论、配置辅助器具确认书等材料。

第二，经办机构根据劳动能力鉴定结论确定伤残等级，按照规定计算工伤职工一次性伤残补助金、伤残津贴和生活护理费支付数额以及核定配置（更换）辅助器具费用金额，并将核定结果告知申请人。

第三，经办机构与签订协议的辅助器具配置机构之间结算费用时，应按规定进行审核。

第四，工伤职工对一次性伤残补助金、伤残津贴和生活护理费支付金额以及配置（更换）辅助器具费用核定金额有异议，提出待遇重核申请时，经办机构应予以重核，并将重核结果告知参保单位和工伤职工。

（四）工亡待遇核定

工亡待遇包括丧葬补助金、一次性工亡补助金和供养亲属抚恤金。工亡待遇核定是经办机构区别直接死亡、停工留薪期内因工导致死亡和一级至四级伤残职工在停工留薪期满后死亡的情况，对其亲属核定丧葬补助金、一次性工亡补助金，对符合享受供养条件的人员按具体人数核定供养亲属抚恤金。

第一，职工因工死亡，经办机构受理工亡待遇申请，并审查通过资格核定的待遇申领表、工伤认定结论等材料。

第二，经办机构按规定标准计算工亡职工一次性工亡补助金、丧葬补助金，计算每一符合享受供养亲属的抚恤金数额，核定计发金额，发给供养亲属资格证明，并将核定结果告知申请人。

工亡职工供养亲属对工亡待遇核定金额有异议，提出重核申请时，经办机构应予以重核，并将重核结果告知申请人。

（五）待遇调整审核

在统筹地区统一调整工伤保险待遇，或工伤职工有关情况发生变化，工亡职工供养亲属丧失供养条件时，按规定调整工伤保险待遇。

第一，根据有关规定对享受工伤保险待遇人员的相关待遇进行统一调整。

第二，工伤职工达到退休年龄、被收监执行或死亡的，供养亲属丧失或暂时丧失供养条件的，经办机构应及时核对，停止其工伤保险待遇。

第三，工伤职工劳动能力鉴定结论发生变化或服刑完毕的，应重新填写待遇申领表并提交劳动能力鉴定结论或服刑完毕证明。经办机构进行核对，调整或恢复其工伤保险待遇。

第四，享受工伤保险待遇人员对待调整金额有异议，提出重核申请时，经办机构应予以重核，并将重核结果告知有关享受工伤保险待遇人员。

（六）待遇支付

待遇支付是指经办机构根据待遇核定结论，对各项待遇费用，包括工伤医疗（康复）费用、住院伙食补助费、到统筹地区以外就医的交通食宿费、一次性医疗补助金、一次性伤残补助金、伤残津贴、生活护理费、配置辅助器具费用、丧葬补助金、一次性工亡补助金和供养亲属抚恤金等，进行结算、支付。

伤残津贴、生活护理费从完成劳动能力鉴定次月开始计发，供养亲属抚恤金从工伤职工死亡次月开始计发；工伤医疗（康复）待遇由经办机构根据核定的结果支付参保单位（工伤职工）垫付的费用或工伤医疗（康复）协议服务机构的医疗（康复）费用；安装配置辅助器具费用由经办机构依据待遇核定的安装配置辅助器具的项目、金额，及时支付给有关协议医疗机构或辅助器具配置机构。具体支付方式根据当地的具体情况和享受工伤保险待遇人员的意见来确定，有条件的地方应对定期支付的待遇实行社会化发放。

六、工伤保险储备金

（一）工伤保险储备金的规模

工伤保险基金应当留有一定比例的储备金，用于统筹地区重大事故的工伤保险待遇支付。工伤保险储备金制度是市场经济体制下调整财政支出结构的需要，也是工伤保险制度正常运行的有效保证。工伤事故的发生有其不确定性，建立风险储备金，一方面能够更好地保证工伤职工的合法权益，另一方面能够更好地分摊发生重大工伤事故的用人单位的资金风险。

由于我国幅员辽阔，各地经济发展水平、行业风险情况和用人单位的安全状况存在较大差异，储备金占基金总额的具体比例和储备金的使用方法，由省、自治区、直辖市人民政府规定。

在规定储备金占基金总额的具体比例时，应进行储备金的测算。虽然就整体参保人群而言，工伤事故的发生是有一定规律的，灾害造成损失的大小稳定在一定的水平上，但由于多种因素的影响，在某一时间范围内基金的实际支出有可能偏离正常支出。如果实际支出大于正常支出，工伤保险费就不足以应对实际支出。所以，在规定储备金占基金总额的具体比例时，应考虑辖区内可知的潜在风险和未知的、突发的风险，并对辖区内行业分布、企业风险程度和安全生产状况，以及当地经济发展水平等因素进行分析测算，以确保发生重大工伤事故和职业病伤害时，储备金能够满足基金大规模支出的需要。

（二）工伤保险储备金的管理和使用

储备金应存入基金财政专户，用于统筹地区重大事故的工伤保险待遇支付。储备金不得购买国家债券，不得挤占、挪用和随意动用，以保证储备金应对突发事件的支付能力。储备金在工伤保险基金结余中单独列支。突发重大工伤事故，工伤保险基金当年入不敷出时，按下列顺序解决：（1）动用储备金；（2）储备金不足以支付时，动用工伤保险历年结余基金；（3）结余基金仍不足以支付时，由同级人民政府给予垫付；（4）仍不足以支付时，由劳动保障行政部门和财政部门共同协商，向上一级政府部门申请调剂。

工伤保险储备金的动用由社会保险经办机构提出申请，财政部门按照省级人民政府制定的使用办法及有关规定将储备金及时审核拨付到支出户。

七、工伤保险统筹层次

（一）工伤保险统筹层次的含义

工伤保险统筹层次是指工伤保险基金统筹管理调剂使用的范围，如省级统筹、市级统筹、县（区）级统筹等，涉及参保、缴费、工伤认定、劳动能力鉴定、待遇支付等项政策标准的统一及经办流程、管理服务的规范。

工伤保险基金在直辖市和设区的市实行全市统筹，其他地区的统筹层次由省、自治区人民政府确定。工伤保险费率较低，是社会保险中比较容易实现较高层次统筹的险种之一。

（二）工伤保险市级统筹的标准

建立工伤保险市级统筹的核心是实现工伤保险基金统筹管理，在全市范围内调剂使用，基础是统一参保缴费办法、待遇支付等项政策标准，以及规范工伤认定、劳动能力鉴定、工伤预防、工伤医疗和工伤康复等多项管理服务。一是要统一参保范围和参保对象，按《工伤保险条例》和有关政策规定推进各类用人单位和职工参加工伤保险；二是要统一行业差别费率标准，做好征缴工作；三是要统一基金管理，实现全市基金收支预算管理制度，有条件的地区要实现基金统支统收，暂不具备条件的地区要统一基金财务管理制度和使用办法，加大基金市级调剂力度，逐步实现全市范围内统一调剂和使用基金；四是要统一制定工伤认定和劳动能力鉴定办法，规范认定和鉴定程序；五是要统一工伤保险待遇支付标准，统一调整地域、时间标准，使用统一的职工月平均工资标准，以及工伤保险药品目录、工伤保险辅助器具目录等；六是要统一经办流程和信息系统，规范工伤保险管理和服务。

第六章 养老保险

第一节 城镇职工基本养老保险制度

一、城镇职工基本养老保险制度的覆盖范围

根据《社会保险法》规定：职工应当参加基本养老保险，由用人单位和职工共同缴纳基本保险费。无雇工的个体工商户、未在用人单位参加基本养老保险的非全日制从业人员以及其他灵活就业人员可以参加基本养老保险，由个人缴纳基本养老保险费。

（一）城镇各类企业及其职工

城镇各类企业及其职工是城镇职工养老保险的主力军，是制度最先覆盖的人群，具体包括以下几类：

第一，国有企业、城镇集体企业、外商投资企业、城镇私营企业和其他城镇企业及其职工，包括企业招用的在中国境内合法就业的外国人，企业招用的农民合同制职工。

第二，社会力量所办学校等民办非企业单位及其职工。

第三，机关事业单位编制外已签订劳动合同或已形成事实劳动关系的人员。

（二）城镇个体工商户和灵活就业人员

个体工商户是有经营能力的公民，经工商行政管理部门登记，从事工商业经营。个体工商户业主及其雇员和帮工应当参加城镇职工养老保险。

灵活就业人员是指以非全日制、临时性、季节性、弹性工作等灵活多样的形式实现就业的人员。它具体包括以下几类：

1. 单位下岗失业人员

一般在个体工商户和城市小型企业、微型企业、私营企业工作。这部分就业人员流动性较大，例如季节工、临时工、劳务派遣工等。

2. 自雇型就业人员

即个体经营者或合作经营者，一般立足于社区建立家庭式微型企业，例如自主创业者。

3. 自主就业人员

这类人员是具有较高的知识水平和特殊技能的自由职业者，多为知识阶层和大学毕业生等城市新增经济活动人口。例如，中介服务者、设计师、艺人等。

4. 从事个体劳动的人员

例如个体经济组织业主及其从业人员。其中大部分为农民工，一般服务于第三产业，例如家政服务人员、建筑工、小商贩、再生资源回收者等。

这类人员在工作时间、劳动报酬、工作场所、劳动关系等方面与传统的建立在工厂制度基础上的劳动者不一样，有的没有用人单位，有的与用人单位没有建立固定的劳动关系，但是他们提供了某种形式的劳动，有劳动收入，可以将他们纳入职工基本养老保险覆盖范围。随着现代经济社会的发展，尤其是技术的进步和经济结构的变化，就业形式会越来越灵活，灵活就业人员会越来越多，将其纳入职工基本养老保险覆盖范围，有利于扩大基本养老保险的覆盖面，保护灵活就业人员的社会保险权益。考虑到灵活就业人员的收入情况不同，其参加基本养老保险完全由个人缴费，不能强制。因此，《中华人民共和国社会保险法》规定，灵活就业人员可以自愿参加职工基本养老保险。

（三）机关事业单位及其工作人员

按照公务员法管理的单位、参照公务员法管理的机关（单位）、事业单位及其编制内的工作人员，正式实行养老保险制度。可见，机关事业单位及其工作人员也需要参加城镇职工养老保险，按照相关规定进行缴费和领取基本养老金。

二、城镇职工养老保险的缴费基数和缴费比例

《中华人民共和国社会保险法》规定：基本养老保险实行社会统筹与个人账户相结合。基本养老保险基金由用人单位和个人缴费以及政府补贴等组成。用人单位应当按照国家规定的本单位职工工资总额的比例缴纳基本养老保险费，计入基本养老保险统筹基金。职工应当按照国家规定的本人工资的比例缴纳基本养老保险费，计入个人账户。无雇工的个体工商户、未在用人单位参加基本养老保险的非全日制从业人员以及其他灵活就业人员参加基本养老保险的，应当按照国家规定缴纳基本养老保险费，分别计入基本养老保险统筹基金和个人账户。

（一）用人单位缴费基数和比例

按照现行政策，用人单位缴纳基本养老保险的比例，一般不超过企业职工工资总额的20%，具体比例由省、自治区、直辖市人民政府确定。一般用人单位的缴费基数为上年度本单位职工的工资总额。有条件的地区可以以上月本单位职工的工资总额为基数。

目前，基本养老保险实行的是省级统筹，各地经济发展水平和缴费职工对退休人员抚养比不一样，各地缴费基数和比例也不一样，有的地方以企业工资总额为缴费基数；有的地方以全部职工缴费工资之和为基数。各地缴费比例不一样，经济发达地区缴费比例低；经济欠发达地区缴费比例高，也影响了这些地区的竞争力。因此，基本养老保险应当实行全国统一的缴费基数和缴费比例。提高养老保险的统筹层次，平衡经济发达地区和欠发达地区用人单位的缴费负担。

用人单位缴纳的养老保险费记入基本养老保险的社会统筹基金，用于当期的养老保险待遇支付，实行现收现付。

（二）职工个人缴费基数和比例

按照现行政策，职工个人按照本人缴费工资的8%缴费，记入个人账户。缴费工资为本人上一年度的平均工资。月平均工资应按照国家统计局的规定列入工资总额统计项目计算，包括工资、奖金、津贴、补贴等收入。月平均工资超过当地职工平均工资300%以上的部分，不计入个人缴费工资基数；低于当地职工平均工资60%的，按照60%计算缴费工资基数。职工个人缴纳的养老保险费全部计入个人账户，形成个人账户基金，用于退休后个人账户养老金的发放。

职工（含农民合同工）、自由职业人员、城镇个体商户业主和其他从业人员，一般以本人上年度的实际月平均工资为个人缴费基数。

一些特殊类型的职工有另行规定：

第一，新招职工（包括研究生、本科生、大中专毕业生等）以起薪当月工资收入作为缴费工资基数；从第二年开始，按上一年实发工资的月平均工资作为缴费工资基数。

第二，单位派出的长期脱产学习人员、经批准请长假的职工，保留工资关系的，以脱产或请假的上年月平均工资作为缴费基数。

第三，单位派到境外、国外工作的职工，按本人出境（国）上年在本单位领取的月平均工资作为缴费工资基数；次年的缴费工资基数按上年本单位平均工资增长率进行调整。

第四，失业后再就业的职工，以再就业起薪当月的工资作为缴费工资基数；从第二年起，按上一年实发工资的月平均工资作为缴费工资基数。

个人缴费不计征个人所得税，由企业在发放工资时代为扣缴，离退休人员不缴纳养老保险。

（三）灵活就业人员的缴费基数和比例

城镇个体工商户和灵活就业人员参加基本养老保险的缴费基数为当地上年度在岗职工的平均工资，缴费比例为20%，其中8%记入个人账户，12%记入社会统筹账户，所有缴费均由个人承担，但有雇工的个体工商户雇主须为雇员缴纳12%，雇员本人缴纳8%。

为鼓励个体户和灵活就业人员参保，有些地区城镇个体工商户和灵活就业人员缴费基数按当地上一年度在岗职工月平均工资的60%~300%，由缴费人员根据收入状况自主选择申报缴费。

三、个人账户与社会统筹相结合

《中华人民共和国社会保险法》规定：基本养老保险实行社会统筹与个人账户相结合。用人单位应当按照国家规定的本单位职工工资总额的比例缴纳基本养老保险费，记入基本养老保险统筹基金。职工应当按照国家规定的本人工资的比例缴纳基本养老保险费，记入个人账户。无雇工的个体工商户、未在用人单位参加基本养老保险的非全日制从业人员以及其他灵活就业人员参加基本养老保险的，应当按照国家规定缴纳基本养老保险费，分别记入基本养老保险统筹基金和个人账户。

（一）个人账户的含义

个人账户是一种储蓄积累性质的养老保险制度安排。在这种制度中，通过强制性或自愿性缴费，资金在为每个人建立的账户中积累，并清晰记录，待规定的事件发生时参保人员方可支取。

个人账户也称个人基金账户，是我国基本养老保险制度中实行的统账结合模式的重要内容。该账户由各级社会保险机构按国家颁布的居民身份证号码为参加基本养老保险的职工每人建立一个终身不变的个人账户。

（二）个人账户的构成

个人账户主要由以下两部分构成：

第一，当年缴费本金，即由个人缴纳养老保险费形成，其规模相当于本人缴费工资的8%。

第二，当年缴费本金及历年累计储存额生成的利息。

（三）个人账户的支付

当参保职工因离退休、死亡、出国定居终止养老保险缴费时，个人账户才发生支付。按企业职工基本养老保险制度办理退休的职工，其基本养老金中的基础养老金、过渡性养老金等由社会统筹基金支付；个人账户养老金由个人账户养老金支付。

（四）个人账户的继承

《中华人民共和国社会保险法》规定：个人账户不得提前支取，记账利率不得低于银行定期存款利率，免征利息税。个人死亡的，个人账户余额可以继承。职工在职死亡或离退休后死亡，其个人账户可以继承。职工在职期间死亡，继承额为个人账户余额中的个人缴费部分本息。职工个人账户继承额一次性支付给死亡者生前指定的受益人或法定继承人。个人账户的其余部分，并入社会统筹基金。

四、领取养老金的条件

《中华人民共和国社会保险法》规定：参加基本养老保险的个人，达到法定退休年龄时累计缴费满 15 年的，按月领取基本养老金。参加基本养老保险的个人，达到法定退休年龄时累计缴费不足 15 年的，可以缴费至满 15 年，按月领取基本养老金；也可以转入新型农村社会养老保险或者城镇居民社会养老保险，按照国务院规定享受相应的养老保险待遇。因此，我国目前领取养老金须满足以下三个条件：一是达到法定退休年龄并办理退休手续；二是所在单位和个人依法参加养老保险并履行了养老保险缴费义务；三是个人缴费至少满 15 年（包括视同缴费年限）。

（一）退休年龄

第一，法定退休年龄，即国家法律规定的正常退休年龄：男工人和男干部年满 60 周岁、女干部年满 55 周岁、女工人年满 50 周岁。

第二，从事特殊工种岗位的职工退休年龄可以提前 5 年，即男年满 55 周岁、女年满 45 周岁，这主要针对工人而言，但与从事特殊工种工人相同的工作条件和工作环境的基层干部，也可以享受提前 5 年退休的政策（从事特殊工种退休的条件：①从事高空、特别繁重体力劳动工作累计满 10 年以上；②从事井下、高温工作累计满 9 年以上；③从事有毒有害工作累计满 8 年以上）。

第三，男年满 50 周岁，女年满 45 周岁，连续工龄满 10 年，由医院证明并经劳动鉴定委员会确认，完全丧失能力的，可办理因病提前退休。

第四，因工致残（包括职业病），由医院证明并经劳动鉴定委员会确定，完全丧失劳动能力的，退休不受连续工龄和年龄的限制。

（二）缴费年限

缴费满 15 年是享受基本养老保险待遇的"门槛"。需要说明的是，规定最低缴费年限为 15 年，并不是说缴满 15 年就可以不再缴费。对职工来说，15 年是法律规定的最低年限，只要与用人单位建立劳动关系，就应当按照国家规定缴费，个人享受基本养老保险待遇与个人缴费年限是直接挂钩的，缴费年限越长，缴费基数越大，退休后可领取的养老金就越多。

缴费年限包括视同缴费年限和实际缴费年限。视同缴费年限是指职工全部工作年限中，其实际缴费年限之前的按国家规定计算的连续工作时间，固定职工在实行企业和职工个人共同缴纳基本养老保险费制度之前，按国家规定计算为连续工龄的时间，都可以作为"视同缴费年限"，并且可以与实际"缴费年限"合并计发养老保险金。另外，机关事业单位正式职工调入企业后，应参加企业职工基本养老保险，其原有的工作年限视同缴费年限；复员退伍军人、城镇下乡知识青年被招为合同制工人，且参加了基本养老保险的，其军龄及下乡期间按国家规定计算为连续工龄的年限，可视同缴费年限。

根据规定，实行个人缴费制度前，职工的连续工龄可视同缴费年限。视同缴费年限可以与实际缴费年限合并计发基本养老保险金。

实际缴费年限是指职工参加基本养老保险后，按规定按时足额缴纳基本养老保险费的年限。理解实际缴费年限应注意以下两点：一是实际缴费年限是职工个人的缴费年限，不应与职工所在企业的缴费情况联系在一起。实际工作中一些地方把实际缴费年限与企业的缴费情况挂钩，规定若企业不按时足额缴纳基本养老保险费，则不计算该企业职工的实际缴费年限，这种做法侵害了职工个人的利益。二是职工个人必须足额缴纳基本养老保险费，若是非足额缴纳，欠缴年限暂时不能计算为实际缴费年限，待职工补齐欠缴本金和利息后方能计算。

缴费不足 15 年的，可以缴费至满 15 年。按照以前的政策，缴费不足 15 年的，个人账户储存的养老金一次性支付给劳动者本人，同时终止基本养老保险关系。这个制度不尽合理，在实际执行过程中，许多地方允许退休时缴费不足 15 年的一次性补缴或者继续缴费至 15 年，就可以按月享受基本养老保险待遇。

最后，缴费不足 15 年的，也可以转入新型农村社会养老保险或城镇居民社会养老保险。

第二节 城乡居民基本养老保险制度

一、参保范围

年满 16 周岁（不含在校学生），非国家机关和事业单位工作人员及不属于职工基本养老保险制度覆盖范围的城乡居民，可以在户籍地参加城乡居民养老保险。

二、基金筹集

城乡居民养老保险基金由个人缴费、集体补助、政府补贴构成。

（一）个人缴费

参加城乡居民养老保险的人员应当按规定缴纳养老保险费。缴费标准目前设为每年 100 元、200 元、300 元、400 元、500 元、600 元、700 元、800 元、900 元、1 000 元、1 500 元、2 000 元 12 个档次，省（区、市）人民政府可以根据实际情况增设缴费档次，最高缴费档次标准原则上不超过当地灵活就业人员参加职工基本养老保险的年缴费额，并报人力资源和社会保障部备案。人力资源和社会保障部会同财政部依据城乡居民收入增长等情况适时调整缴费档次标准。参保人自主选择档次缴费，多缴多得。

（二）集体补助

有条件的村集体经济组织应当对参保人缴费给予补助，补助标准由村民委员会召开村民会议民主确定，鼓励有条件的社区将集体补助纳入社区公益事业资金筹集范围。鼓励其他社会经济组织、公益慈善组织、个人为参保人缴费提供资助。补助、资助金额不超过当地设定的最高缴费档次标准。

（三）政府补贴

政府对符合领取城乡居民养老保险待遇条件的参保人全额支付基础养老金。其中，中央财政对中西部地区按中央确定的基础养老金标准给予全额补助，对东部地区给予 50% 的补助。

地方人民政府应当对参保人缴费给予补贴，对选择最低档次标准缴费的，补贴标准不低于每人每年 30 元；对选择较高档次标准缴费的，适当增加补贴金额；对选择 500 元及以上档次标准缴费的，补贴标准不低于每人每年 60 元，具体标准和办法由省（区、市）人民政府确定。对重度残疾人等缴费困难群体，地方人民政府为其代缴部分或全部最低标准的养老保险费。

三、建立个人账户

国家为每个参保人员建立终身记录的养老保险个人账户，个人缴费、地方人民政府对参保人的缴费补贴、集体补助及其他社会经济组织、公益慈善组织、个人对参保人的缴费资助，全部记入个人账户。个人账户储存额按国家规定计息。

四、养老保险待遇及调整

城乡居民养老保险待遇由基础养老金和个人账户养老金构成，支付终身。

（一）基础养老金

中央确定基础养老金最低标准，建立基础养老金最低标准正常调整机制，根据经济发展和物价变动等情况，适时调整全国基础养老金最低标准。地方人民政府可以根据实际情况适当提高基础养老金标准；对于长期缴费的，可适当加发基础养老金，提高和加发部分的资金由地方人民政府支出，具体办法由省（自治区、直辖市）人民政府规定，并报人力资源和社会保障部备案。

（二）个人账户养老金

个人账户养老金的月计发标准，目前为个人账户全部储存额除以 139（与现行职工基本养老保险个人账户养老金计发系数相同）。参保人死亡，个人账户资金余额可以依法继承。

五、养老保险待遇领取的条件

参加城乡居民养老保险的个人，年满 60 周岁、累计缴费满 15 年，且未领取国家规定的基本养老保障待遇的，可以按月领取城乡居民养老保险待遇。

新农保或城居保制度实施时已年满 60 周岁，在《国务院关于建立统一的城乡居民基本养老保险制度的意见》印发之日前未领取国家规定的基本养老保障待遇的，不用缴费，自本意见实施之月起，可以按月领取城乡居民养老保险基础养老金；距规定领取年龄不足 15 年的，应逐年缴费，也允许补缴，累计缴费不超过 15 年；距规定领取年龄超过 15 年的，应按年缴费，累计缴费不少于 15 年。

城乡居民养老保险待遇领取人员死亡的，从次月起停止支付其养老金。有条件的地方人民政府可以结合本地实际探索建立丧葬补助金制度。社会保险经办机构应每年对城乡居民养老保险待遇领取人员进行核对；村（居）民委员会要协助社会保险经办机构开展工作，在建制村（社区）范围内对参保人待遇领取资格进行公示，并与职工基本养老保险待遇等领取记录进行比对，确保不重、不漏、不错。

六、转移接续与制度衔接

参加城乡居民养老保险的人员，在缴费期间户籍迁移、需要跨地区转移城乡居民养老保险关系的，可在迁入地申请转移养老保险关系，一次性转移个人账户全部储存额，并按迁入地规定继续参保缴费，缴费年限累计计算；已经按规定领取城乡居民养老保险待遇的，无论户籍是否迁移，其养老保险关系不转移。

城乡居民养老保险制度与职工基本养老保险、优抚安置、城乡居民最低生活保障、农村五保供养等社会保障制度以及农村部分计划生育家庭奖励扶助制度的衔接，按有关规定执行。

七、基金管理和运营

将新农保基金和城居保基金合并为城乡居民养老保险基金，完善城乡居民养老保险基金财务会计制度和各项业务管理规章制度。城乡居民养老保险基金纳入社会保障基金财政专户，实行收支两条线管理，单独记账、独立核算，任何地区、部门、单位和个人均不得挤占挪用、虚报冒领。各地要在整合城乡居民养老保险制度的基础上，逐步推进城乡居民养老保险基金省级管理。

城乡居民养老保险基金按照国家统一规定投资运营，实现保值增值。

八、城乡养老保险制度衔接暂行办法

参加城镇职工养老保险和城乡居民养老保险人员，达到城镇职工养老保险法定退休年龄后，城镇职工养老保险缴费年限满 15 年（含延长缴费至 15 年）的，可以申请从城乡居民养老保险转入城镇职工养老保险，按照城镇职工养老保险办法计发相应待遇；城镇职工养老保险缴费年限不足 15 年的，可以申请从城镇职工养老保险转入城乡居民养老保险，待达到城乡居民养老保险规定的领取条件时，按照城乡居民养老保险办法计发相应待遇。

参保人员申请办理制度衔接手续时，从城乡居民养老保险转入城镇职工养老保险的，在城镇职工养老保险待遇领取地提出申请办理；从城镇职工养老保险转入城乡居民养老保险的，在转入城乡居民养老保险待遇领取地提出申请办理。

参保人员从城乡居民养老保险转入城镇职工养老保险的，城乡居民养老保险个人账户全部储存额并入城镇职工养老保险个人账户，城乡居民养老保险缴费年限不合并计算或折算为城镇职工养老保险缴费年限。参保人员从城镇职工养老保险转入城乡居民养老保险的，城镇职工养老保险个人账户全部储存额并入城乡居民养老保险个人账户，参加城镇职工养老保险的缴费年限合并计算为城乡居民养老保险的缴费年限。

第三节　城镇职工基本养老保险实务

一、基本养老保险登记

（一）参保登记

1. 参保登记的对象

社会保险登记是用人单位和劳动者与社会保险经办机构建立养老保险关系的标志。凡应依法参加养老保险的用人单位，都应该按照规定，到工商执照注册地或机关事业单位、社会团体住所（地址）所在的区、县社会保险经办机构办理社会保险登记。

无雇工的个体工商户、未在用人单位参加基本养老保险的非全日制从业人员以及其他灵活就业人员也可按规定参加企业职工基本养老保险，与社会保险经办机构建立养老保险关系，进行养老保险的参保登记。

2. 参保单位登记的材料和程序

对基本养老保险进行登记所需提供的材料包括：工商登记执照或批准成立信息等有效证件，法人代码证书及法定代表人或负责人的身份证复印件以及其他材料。参保单位办理登记的程序。

3. 在职人员新增参保登记及转入登记

在职人员新增参保所需提供的材料包括：参加基本养老保险人员增减变化汇总表（一式两份），与单位建立新的劳动关系的劳动合同书以及招工、录用、聘用等材料，大中专毕业生需提供大中专学生毕业分配通知书，复员军人需提供复员军人退役证（原件）；新增在职人员身份证及其复印件和个人基本信息。

单位将所需材料当月报送区（县）社保中心审核，合格后社保中心为其编制社会保险号，建立个人账户。

若在职人员属于转入续保的，还需要提供转出地开具的相关证明和材料（关系转移表、个人账户档案资料等），需要转入基金的，确认基金到账后，单位将转入材料报送区（县）社保中心，办理转入手续。

（二）　变更登记

对基本养老保险进行变更登记的，需携带社会保险登记及变更事项的证明材料到区（县）社保中心办理变更登记。

（三）　注销登记

用人单位发生解散、破产、撤销、合并等情形，终止养老保险缴费义务时，应及时向社会保险经办机构申请办理注销社会保险登记，同时终止养老保险关系。对于参保个人来说，如果死亡，基本养老保险关系即行终止。职工到境外就业或居住，合法取得当地永久性居民身份后，职工所在单位应停止为其缴纳养老保险费，及时办理终止养老保险关系手续。

二、基本养老保险费用征缴

（一）　正常缴费

缴费单位必须按月向社会保险经办机构申请应缴纳的基本养老保险费数额，经社会保险经办机构核定后，在规定的期限内以货币形式全额缴纳保险费，社会保险费不得减免。职工和城镇个体工商户从业人员的个人缴费分别由所在单位和其业主代扣代缴，必须填报个人缴费明细表。个人缴费代缴总额要与个人缴费明细表相符。征缴部门要将个人缴费明细表及时转交社会保险经办机构。城镇个体工商户等自谋职业者以及采取各种灵活方式就业的人员，一般应按照省级政府规定的缴费基数和比例按月缴纳养老保险费，也可按季、半年、年度合并缴纳养老保险费；缴费时间可累计折算。自由职业人员、城镇个体工商户业主由本人直接向征缴部门缴费。

（二）　不同类型人员的缴费办法

1. 转业、复员、退伍军人

由机关、事业单位转（调）入企业工作的人员及新招和失业后再就业的人员，在缴纳基本养老保险费时，以本人工作第一个月工资作为当年缴费工资基数，从第二年起，按本人上一年度实发工资的月平均工资作为缴费工资基数。

2. 经企业批准请长假保留劳动关系

对于不支付工资的人员，以请假的上一年本人月平均工资作为缴费工资基数，被保险人应按企业与个人缴费比例之和的标准向企业缴费，企业向社会保险经办机构缴费。

3. 在医疗期内的病休人员

其病休期间领取的病假工资或疾病救济费（在不足整年度时与病休前的当年工资合并计算）作为第二年缴费工资基数。

4. 因工（公）致残领取伤残抚恤金的人员

其领取的伤残抚恤金（在不足整年度时与当年发生伤残前的工资合并计算）作为第二年缴费工资基数。

5. 被派到境外、国外工作的人员

按出境（国）上一年本人月平均工资作为缴费工资基数，次年缴费工资基数按上一年本单位平均工资增长率进行调整。

6. 企业外派、外借及劳务输出到其他单位工作的人员和下岗人员

按在原企业领取的本人上一年月平均工资作为缴费工资基数。

7. 个体工商户、雇主及与之形成劳动关系的城镇劳动者

男年满 60 周岁，女年满 50 周岁的，不再缴纳基本养老保险费。

（三）欠费补缴

对于缴费单位未按规定缴纳和代扣代缴社会保险费的，劳动保险行政部门或者税务机关将责令其限期缴纳；逾期仍不缴纳的，除补缴欠缴数额外，从欠缴之日起，按日加收所欠款额 2% 的滞纳金，滞纳金并入社会保险基金。

根据规定，在欠缴月份，无论是全额欠缴还是部分欠缴，保费均暂不记入个人账户，待单位或个人按规定补齐欠缴金额后方可补记入个人账户。职工所在企业欠缴养老保险费用期间，职工个人可以继续缴纳养老保险，足额缴纳的费用记入个人账户并计算为职工实际缴费年限。出现欠缴情况后，以后欠缴采用滚动分配法记账，即先补缴以前欠缴费用及利息后，剩余部分作为当月缴费。

（四）税收减免

企业按照国家或地方政府规定的比例提取并实施缴纳的基本养老保险费，在税前列支；个人缴费的部分，不计入个人当期的工资、薪金收入，免于征收个人所得税，但超过国家或地方政府规定的比例缴纳的部分应并入个人当期的工资、薪金收入，计征个人所得税。另外，基本养老保险投资运营收益免征税费，基本养老保险个人账户所取得的利息收入及基本养老保险金免征个人所得税。

三、基本养老保险个人账户的管理

（一）个人账户的建立

单位新招（录）用、聘用的人员，如从未建立过该统筹地区社会保险个人账户的，由职工劳动关系所在单位到注册地所在区（县）社会保险经办机构办理，由工资发放单位向该社会保险经办机构提供个人的工资性收入等基础数据。

社会保险经办机构按照国家技术监督局发布的社会保障号码，为已参加基本养老保险的职工每人建立一个终身不变的个人账户。

个人账户的主要内容包括：职工姓名、社会保障号码、参加工作时间、视同缴费年限、个人缴费首次记入时间、当地上年社会平均工资、个人当年缴费工资基数、当年缴费月数、当年记账利率、单位和个人缴费记入个人账户的比例、当年缴费金额、当年记账利息及个人账户储存额情况等。

对于个人账户的建立时间有如下规定：实行统筹结合制度前参加工作的，个人账户的建立时间从当地实行社会统筹与个人账户相结合的制度，建立个人账户时开始；实行统账结合制度后参加工作的，建账时间从首次缴费之月开始。从财政供款的机关事业单位流动到参保单位，以及由部队转业、复员、退伍安排到参保单位工作的参保人员，从参保单位为其起薪的当月起建立个人账户。

（二）个人账户的记账

记账是个人账户管理的重要环节，个人账户要按月记账。社会保险经办机构账户管理部门每月根据征收机构传送的到账信息，记录个人账户当期记账额；补缴的养老保险费按时间顺序滚动分配，补记个人账户记账额；对按月领取基本养老金的退休人员，根据待遇核定部门核定的个人账户养老金支付额，按月冲减个人账户储存额。同时，每年根据缴费人员当年个人账户记账额和缴费月数，按规定进行个人账户利息计算，结合历年缴费累计本息储存额进行结转，记入个人账户。对退休人员个人账户储存余额进行年终计息和结转。记账利率不得低于银行定期存款利率。

出于某种原因，单位或职工个人不能按时足额缴纳基本养老保险费的，视为欠缴。欠缴月份无论全额欠缴还是部分欠缴均暂不记入个人账户，待单位或职工个人按规定补齐欠缴金额后方可补记入个人账户。

（三）个人账户的封存和启封

单位缴费人员出于各种原因，需暂时停止缴纳社会保险费，单位应到社会保险经办机构办理该人员养老保险个人账户的封存。出于各种原因暂时停止缴费的单位人员，恢复缴纳社会保险费，单位应到社会保险经办机构办理该人员养老保险个人账户的启封。

（四）个人账户的对账和终止

对账是方便参保人员了解缴费和个人账户结存情况的手段。根据有关政策的规定，经办机构在每一个缴费年度结束后，即每年的4~6月份，根据参保人员基本养老保险个人账户上的记录，为每位参保人员打印职工基本养老保险个人账户对账单，发送给参保单位或个人。

另外，社会保险经办机构可以通过电话、社保触摸屏、网络、报纸公示等多种形式建立个人账户查询制度，方便参保人员了解企业缴费和个人账户结存情况。

对于缴费人员在职死亡、出国定居终止缴费和退休人员死亡等情况，在未结算前可参照中断缴费的办法进行管理并建立标识。个人账户按有关支付规定结算后即终止并予以封存。

四、待遇的审核与支付

养老保险待遇保障参保人员退休后的基本生活，因此，确保基本养老金按时足额发放是社会保险经办工作永恒的主题。准确核定基本养老金待遇，及时落实基本养老金调整机制，做好养老金的社会化发放是对社会保险经办机构的基本要求。

（一）待遇核定

基本养老金核定环节是指社会保险经办机构根据国家有关政策规定，为新办理退休手续、新参保和随所在单位跨统筹范围转入的退休人员计算、核定并登录应享受的基本养老金待遇的过程。

参保人员达到国家规定的法定退休年龄时，社会保险经办机构待遇核定部门核定其应享受的基本养老保险待遇。审核对象包括符合正常离退休（职）条件的人员；符合提前退休条件的人员；新参保单位参保前已办理离退休（职）手续的人员等。

基本养老金核定，主要核定以下内容：（1）审核校验申报材料、凭证的真实性；（2）计算、确认基本养老金；（3）登录各项基础信息和待遇信息；（4）办理养老金专用存折（卡）。

另外，当退休人员对核定基本养老金有异议时，应及时复查，重新核定。

（二）支付审核

基本养老保险待遇支付审核环节是指社会保险经办机构按照国家和地方有关政策规定，对已退休人员进行待遇享受状态变更、一次性申领个人账户、申领供养直系亲属待遇、统一调整养老金等予以核定、确认，并生成支付信息的过程。一次性申领个人账户包括：缴费不满 15 年退休支取个人账户储存额；缴费人员死亡、出国（境）定居、农民工回原籍支取个人账户中的个人缴费部分；退休人员死亡支取账户余额的个人缴费部分等。申领供养直系亲属待遇包括丧葬补助费、救济费等。受理对象包括缴费单位、社区服务机构、离退休人员、离退休人员家属。

1. 待遇享受状态变更

办理支付状态变更时，除要求申报人员填报申请表外，对因死亡办理停止支付的，接收居民死亡证明或其他死亡证明；对由于判刑或其他原因申报暂停支付的，接收判刑、劳教证明或其他有关证明；对申报恢复支付的，接收刑满、解教证明或具有领取养老金资格证明。

对办理支付状态变更的，审核应变更时间与办理变更时间是否一致，实际恢复支付时间晚于应恢复支付时间，生成补缴支付金额；对停止支付时间晚于应停止支付时间的，生成减缴支付金额。

2. 个人账户清算

办理清算个人账户时，除要求申报人填写个人账户一次性支付申请表、接收申领人身份证件外，还应根据申领原因分别接收以下资料：对退休人员死亡的，接收居民死亡医学证明书或其他死亡证明；对缴费人员出国定居一次性申领个人账户的，接收出境登记或户口注销证明；对农业户口从业人员回原籍一次性申领账户的，接收农业户籍证明等材料；对调入非参保范围机关事业单位后退休一次性申领个人账户的，接收退休审核表。

对申领条件、原因和提供证件、资料审核无误的，与个人账户管理环节提供的个人账户记载单相衔接，将应支付的数额记入个人账户一次性审核表，并登录应支付待遇信息。

3. 供养直系亲属待遇申领

办理申领供养直系亲属待遇时，除要求申报人填写供养直系亲属待遇审核表、提供退休人员死亡证明外，还应接收直系亲属身份证、供养关系证明、符合供养条件证明等。对申领条件与提供证件、资料审核无误后，将规定的支付标准记入供养直系亲属待遇审核表，生成应支付信息并登录供养直系亲属待遇信息。

4. 养老金调整

办理统一调整养老金时，应根据政策规定的调整范围、条件、标准，对应信息系统记载的退休时间、缴费年限、职务等信息，生成调整养老金结果，并打印调整养老金名册（台账），请申报单位或个人核对无误后，予以确认并生成支付信息。对办理时间晚于政策规定待遇调整时间的，还应生成补支付信息。同时，登录退休人员基本养老保险待遇调整台账。

另外，当申领人或退休人员对上述审核结果或调整标准有异议时，应及时复查。对确需调整的，应予以修正并保留修改记录。

（三）支付方式

基本养老金的发放从职工离退休月起开始，采取按月支付的方法，不得一次性结算。死亡离退休人员从次月起停发基本养老金，其遗属可以按照国家有关规定领取丧葬补助金。基础养老金、过渡性养老金和补贴以及丧葬补助金由基本养老保险社会统筹基金支付。

基本养老金社会化发放的基本形式是由各统筹地区社会保险经办机构直接委托银行、邮局等社会服务机构发放，对于有特殊困难不能到银行、邮局领取基本养老金的离退休人员，社会保险经办机构可直接或委托社区服务组织送发。

五、基本养老保险转移接续

《社会保险法》规定：个人跨统筹地区就业的，其基本养老保险关系随本人转移，缴费年限累计计算。个人达到法定退休年龄时，基本养老金分段计算、统一支付。

（一）同一统筹范围内转移

职工在同一统筹范围内流动时，只转移养老保险关系和个人账户档案，不转移基金。

（二）跨统筹地区转移

职工跨统筹地区流动时，除转移基本养老保险关系和个人账户档案外，还要转移职工个人账户基金。《社会保险法》规定：个人跨统筹地区就业的，其基本养老保险关系随本人转移，缴费年限累计计算。个人达到法定退休年龄时，基本养老分段计算、统一支付。具体办法由国务院规定。

（三）职工在机关事业单位及企业之间流动

职工由机关事业单位进入企业工作之月起，参加企业职工的基本养老保险，单位和个人按规定缴纳基本养老保险费，建立基本养老保险个人账户，原有的工作年限为视同缴费年限，退休时按企业的办法计发基本养老金。其中，公务员及参照和依照公务员支付管理的单位工作人员，在进入企业并按照规定参加企业基本职工基本养老保险后，根据本人在机关（或单位）工作的年限给予一次性补贴，由其原所在单位通过当地社会保险经办机构转入本人的基本养老保险个人账户，所需资金由同级财政安排。

职工由企业进入机关事业单位工作之月起，执行机关事业单位的退休养老金制度，其原有的连续工龄与进入机关事业单位后的工作年限合并计算，退休时按照机关事业单位的办法计发养老金。已建立的个人账户继续由社会保险经办机构管理，退休时，个人账户储存额每月按规定计发，并相应抵减按机关事业单位办法计发的养老金。

公务员进入企业工作后再次转入机关事业单位工作的，原给予的一次性补贴的本金和利息要上缴同级财政。其个人账户管理、退休后养老金计发等，参照由企业进入机关事业单位职工的相关政策。

六、基本养老保险统筹管理

（一）基本养老保险统筹管理概况

《社会保险法》规定：基本养老保险基金逐步实行全国统筹，其他社会保险基金逐步实行省级统筹，具体时间、步骤由国务院规定。由此可见，我国基本养老保险最终将实现全国统筹，而现阶段北京、天津、上海、福建和陕西等地区实行了统一制度、统一调剂、统一管理的省级统筹，其余省、自治区、直辖市基本建立了省级调剂金制度。

（二）省级统筹的概念及标准

1. 省级统筹的概念

基本养老保险省级统筹是指在一个省级行政区域范围内，实施统一的基本养老保险制度，统一基本养老保险缴费，统一基本养老保险待遇支付项目及计发办法，统一基本养老保险基金使用，统一省级基金预算，统一基本养老保险业务规程和信息系统。

2. 省级统筹的标准

（1）统一基本养老保险制度

全省执行统一的企业职工基本养老保险制度和政策。基本养老保险省级统筹办法由省级人民政府下发文件实施。在全省范围内，城镇各类企业职工及个体劳动者均应参加国家的基本养老保险，实行统一的基本养老保险制度。

（2）统一缴费标准

全省统一企业和职工缴纳基本养老保险费的比例，缴费基数全省统一规定。城镇个体工商户和灵活就业人员缴纳基本养老保险费的比例和基数全省统一规定。

（3）统一待遇支付标准

基本养老金计发办法和统筹项目全省统一，基本养老金调整由省级人民政府按照国家规定部署实施，全省统一调整办法。

（4）统一调剂使用基金

基本养老保险基金由省级统一调度使用，实行统收统支，由省级直接管理。现阶段，也可采取省级统一核算、省和地（市）两级调剂，结余基金由省级授权地（市）、县管理的方式。其中，中央财政、省级财政补助资金和上解的调剂金由省级统一调剂使用。省级统一按国家规定组织实施基本养老保险基金投资运营。

（5）统一预算和管理

全省统一编制和实施基本养老保险基金预算，明确省、地（市）、县各级政府的责任。各地市、县（区）严格按照批准的基金收支预算执行。

基本养老保险业务经办规程和管理制度全省统一；全省执行统一的数据标准，使用统一的应用系统。

第四节　城乡居民基本养老保险实务

一、新型农村社会养老保险实务

（一）参保登记

参保登记是指社会保险经办机构将符合参加新农保的农村居民登记在册，为其建立个人账户并将基本信息录入信息系统的一项工作。参保登记是养老保险关系建立的标志。

参保登记的内容包括姓名、性别、民族、出生日期、联系电话、居民身份证号码、户籍所在地址、居住地址、邮编、户籍性质、参保时间、个人缴费额、是否为特殊参保群体、是否参加其他养老保险等。这里所说的特殊参保群体是指重症残疾人、农村低保对象、农村五保供养户、农村计划生育家庭等缴费困难群体。

其他养老保险是指参加企业职工基本养老保险、被征地农民社会保障、老农保等其他社会养老保险。

年满 16 周岁、具有当地农业户籍、未参加城镇职工基本养老保险的农村居民（不含在校生），均可自愿参加。参保农民本人到户籍所在村（居）委会，也可到乡镇事务所直接办理参保登记，选择参保缴费档次，填写"新型农村社会养老保险参保登记表"。若参保人员登记事项发生变更时，须及时办理社会保险变更登记手续。

（二）保费收缴

新农保养老保险费实行按自然年度缴纳。每年 1 月 1 日至 12 月 31 日为一个缴费年度。新农保的年缴费档次应根据本地经济发展水平和农民收入状况确定，缴费档次以定额形式确定几个档次，供参保人员选择缴费。缴费档次应该随同本地经济发展水平和农民收入状况适时调整。在一个缴费年度内，参保人员可根据本人收入状况和缴费能力选择其中一个年缴费档次缴费，年缴费档次确定后，在这个缴费年度内不得更改，下一个年度可以申请变更。制度实施当年，参保人员应缴纳本年度的养老保险费。新农保缴费年限的起始时间应该从当地制度实施当年计算，制度实施当年，纳入正常缴费年限，不计算补缴费年限，参保人员应缴纳本年度的养老保险费。

达到领取待遇年龄的参保人员，到龄当年可以缴纳本年度的养老保险费。参保缴费人员年满 60 周岁的当年，可以选择缴费档次缴纳当年的养老保险费，计算缴费年限，并按当地新农保制度规定给予财政缴费补贴。

养老保险费实行金融机构扣缴方式或社会保险经办机构自收养老保险费。

金融机构扣缴养老保险费流程为：参保人员缴费—县级社会保险经办机构产生扣款信息—金融机构扣款—县级社会保险经办机构记录个人账户。

社会保险经办机构自收养老保险费。对暂不具备条件通过金融机构扣缴养老保险费的地区，可暂由社会保险经办机构、乡镇事务所、村委会会同金融机构进行收缴，并开具收费凭证。

（三）个人账户管理

1. 个人账户的建立

第一，年满 16 周岁且有当地农业户籍，经审核符合参保条件的，县级社会保险经办机构根据申请人填写的参保表所提供的相关信息为其建立个人账户。

第二，参保人跨管理区转移户籍时，经审核符合保险关系转移条件的，转入地社会保险经办机构根据申请人填写的养老保险关系转入申请表所提供的相关信息为其建立个人账户。

个人账户收入信息包括：缴费时间、缴费类型、个人缴费、集体补助、政府补贴收入等。

个人账户支出信息包括：领取时间、待遇领取标准、个人账户养老金支出（含个人缴费及其他部分、政府补贴部分）、基础养老金支出（含上级财政补贴、地方财政补贴）及个人账户余额等。

2. 个人账户的记账

第一，参保人员按年缴纳的保险费，到账后记入"个人缴费"。

第二，参保人员个人缴费记账后，"政府补贴"同时记入个人账户。

第三，村集体和其他社会经济组织对参保人员缴纳养老保险费的补助或资助，到账后记入"集体补助"。

第四，财政代特困人群缴纳的保险费，到账后记入"政府补贴"。

第五，按规定计发的个人账户养老金支出，按照分开记录，按比例冲减的原则分别从个人账户的"个人缴费"和"政府补贴"项下列支。

第六，社会保险经办机构在缴费年度结束后，对个人账户进行结算。

按规定计发的基础养老金支出，记入"基础养老金支出"中的对应项目。该项支出与个人账户储存额不发生联系，是政府另外安排资金给60周岁以上老人的补贴。

缴费积累时期，利息按以下方式结算。当年参保人个人缴费和集体补助金额在到账后次月开始计息，年内按月用单利计息；个人账户储存额逐年按复利计息；地方财政对参保人的缴费补贴与参保人个人缴费资金同步结息。每年12月31日为结息日。

待遇支付时期，利息按以下方式结算。当年从参保人个人储存额中支出的个人账户养老金在支出的当月开始计息，年内按月用单利计息；个人账户储存余额逐年按复利计息；每年12月31日为结息日。

（四）保险关系转移接续

新农保关系转移接续，是指已参加新农保并缴纳养老保险费的人员，在未达到待遇领取年龄前，其农村户籍跨县（市、区、旗）迁移后，一次性将其新农保关系和个人账户储存额由原来所在地经办机构转往新户籍所在地经办机构，由转入地经办机构审核接收，以使其继续参保缴费的业务。

当参保人出国（境）定居或参保人死亡时，其新农保保险关系终止，社会保险经办机构计算并支付参保人（继承人）除政府补贴外的个人账户全部余额。若参保人在缴费期间因户籍性质发生变更、保险关系跨统筹地区转移的，社会保险经办机构将其个人账户本息余额、保险关系转移至新参保地，与原地区保险经办机构终止保险关系。

二、城镇居民社会养老保险实务

（一）参保登记

年满 16 周岁、具有本市城镇户籍的非从业人员（不含在校生），有参保意愿的，须携带身份证、户口簿、指定银行的个人实名制银行卡，到经办机构填写"城镇居民社会养老保险参保登记申报表"，选择缴费档次，办理登记手续。

（二）缴费申报

参保人员在户籍所在地办理参保登记手续或办理恢复缴费手续时，进行缴费申报。在本年度养老保险费扣缴前，参保人员可变更当年度的缴费标准。在每年年末，参保人员进行下一年度缴费申报，选择缴费标准。

（三）待遇申领

1. 申报条件

（1）本市年满 60 周岁的城镇居民。（2）未享受职工基本养老保险、新农保和征地养老待遇。（3）满足如下条件之一：①参加本市城镇居民养老保险，缴费满 15 年的；②2011 年 7 月 1 日，已年满 60 周岁的；③2011 年 7 月 1 日，年龄超过 45 周岁，至领取年龄，按年缴足养老保险费的。

2. 申办程序

参保人员到经办机构提出待遇领取申请，填写"城镇居民社会养老保险待遇领取申请表"，经办机构进行审核，审核合格的，从次月起发放养老金。

第五节 企业补充养老保险制度及实务

一、我国多层次养老保险体系

养老保险可以划分为多个层次：基本养老保险、企业补充养老保险和个人储蓄性商业养老保险。

（一）基本养老保险

基本养老保险，又称国家法定养老保险，是国家通过立法强制实行，采用社会统筹和个人账户相结合的财务机制，以体现公平为价值取向，保证劳动者在年老丧失劳动能力时，给予基本生活保障的制度，是具有强制性的政府行为。基本养老保险是多层次养老保险体系的基础构成部分，属于第一层次。

（二）企业补充养老保险

企业补充养老保险，是由国家宏观指导、企业内部决策执行，在参加基本养老保险的基础上，为提高职工的养老保险待遇水平而自愿为本企业职工所建立的一种辅助性的养老保险。企业补充养老保险，是一种企业行为，效益好的企业可以多投保，效益差的亏损企业可以不投保。企业补充养老保险是企业人力资源管理工具创新的结果，是多层次养老保险的重要构成部分，列入商业保险范畴，属于第二层次。实行企业补充养老保险，可以使年老退出劳动岗位的职工在领取基本养老金的基础上进一步提高待遇水平，有利于稳定职工队伍，发展企业生产。

（三）个人储蓄性商业养老保险

个人储蓄性商业养老保险是多层次养老保险体系的又一组成部分，是劳动者个人依据收入情况和自身的需要自愿参加、自愿选择经办机构的一种补充保险形式。一般由个人自愿向商业保险公司投保，政府给予一定税收优惠，鼓励人们把钱存进养老保险储蓄账户，以便获得更高的养老保险待遇。劳动者达到法定退休年龄经批准退休后，凭个人账户可将储蓄性养老保险金一次总付或分次支付给本人。

二、企业补充养老保险的概念及特征

（一）企业补充养老保险的概念

企业补充养老保险又称企业年金，是指企业在基本养老保险的基础上，根据经营状况从自有资金中提取保险费用为职工建立补充养老保险基金，以提高职工退休养老的生活水平的制度。

《社会保险法》规定：国家鼓励用人单位根据本单位的实际情况为劳动者建立补充保险。从当前我国社会保险制度来看，此条主要是指职工养老保险和医疗保险。

企业补充养老保险由国家宏观指导，企业内部决策执行，具体包括以下含义：

第一，企业补充养老保险既不是社会保险，也不是商业保险，是基本养老保险的补充，不具有强制性和营利性，而是一项企业福利制度，是企业人力资源战略的重要组成部分。

第二，企业补充养老保险的责任主体是企业，企业依据自身经济状况建立的企业保障制度，企业或职工承担因企业实施补充养老保险产生的所有风险；国家或政府作为政策制定者和监管者不直接干预企业补充养老保险的管理和基金运营，其主要职责是制定规则，依规管理。

第三，企业补充养老保险的经办方式有多种：一是大企业自办；二是由多个企业联合或行业管理机构建立的区域性或全国性协会、基金会经办；三是由有关中介机构经办；四是由有关金融机构包括各类银行、基金管理公司、证券公司、寿险公司经办。

第四，政府在企业补充养老保险的建立和管理中不承担直接责任，给予一定的税收优惠政策，企业年金中企业缴费在工资总额的4%以内的部分，可以从成本中列支。

（二）我国企业补充养老保险的特征

1. 企业年金基金治理模式：信托型

当前，国际上企业年金基金的治理模式主要分为四大类：信托型、公司型、基金会型和契约型。四类模式各有优缺点，而信托型是当前国际上的主流模式。我国的信托型企业年金基金治理模式是在参照国际主流模式的基础上，通过改造公司型、基金会型和契约型各自缺陷的基础上构建的。按照规定，我国企业年金基金受托人分为两类：法人受托机构和企业年金理事会，法人受托机构是依据我国法律建立的法人机构，而企业年金理事会是由企业代表、职工代表和有关专家组成的，依托本企业年金计划存在的自然人的集合。法人受托模式吸收了公司型或基金会型的优点，而年金理事会模式吸收了基金会型和契约型的优势。因此，当前我国的信托型企业年金基金治理模式是在吸收国际上信托型、公司型、基金会型和契约型的优点，避免各自缺陷的基础上构建出来的，是一种全新的治理模式。

2. 企业年金财务机制：完全基金累计制

20世纪70年代以来，世界性养老金制度改革正是由于大部分国家人口进入老龄化，以及经济增长减速而引发的，延长退休年龄、提高工薪税、降低养老金待遇标准等政策措施的作用都极其有限。在此背景下，以基金积累制为主要形式的企业年金制度自然地成为自20世纪70年代以来世界性养老金制度改革的重要标志。企业年金制度取得举世公认的成功的关键，在于其在明确职工年金缴费的产权、提供工作和投资激励的同时，成为带动经济增长的引擎。这一时期，养老金制度的功能从以社会政策为主转变为以经济政策为主。

3. 企业年金基金账户管理方式：个人账户制

企业年金基金账户管理方式包括公共账户制和个人账户制。公共账户制只能与待遇确定制计划结合，以实现适度的代内收入再分配；而个人账户制主要与缴费确定制计划结合，可以实现个人缴费与受益的制度性关联，增强个人缴费、监督的积极性，并使年金基金具有可携带性。

我国的企业年金基金统一实行个人账户制管理方式，这意味着：一方面，企业年金个人账户基金积累属于个人产权，具有可继承性，任何单位和个人不得以任何理由侵占、挪用职工企业年金个人账户基金资产；另一方面，企业年金个人账户基金在退休前依法"锁定"，职工未达到国家规定的退休年龄的，不得从个人账户中提前提取资金。

4. 企业年金计划举办方式：自愿型

企业年金计划举办方式因各国法律规定不同，可以采取强制型和自愿型，如英国的职业养老金计划实行强制型，美国的私人养老金制度采取自愿型。在我国，是否建立企业年金计划是企业自愿行为，由企业和职工共同协商决定，这可以进一步实现职工参与企业的效益分配与管理，能将企业与职工的利益更加紧密地联系在一起，提高企业的凝聚力和竞争力。与此同时，法规规定，企业年金实行企业和职工共同缴费，不同职工的企业年金待遇因劳动贡献不同而有所区别，对于贡献较大的或者特殊岗位的职工，企业可以提高其缴费标准。

企业之所以自愿建立企业年金计划是基于雇主责任，事实上正是雇主基于对职工激励作用而建立的企业年金，才实现了养老保障的社会化。

5. 企业年金计划管理方式：完全市场化

企业年金基金市场化运作包括两方面的含义：一是政府为企业年金制度提供法律上的保障，给予计划参与者税收优惠，在遵循市场化的前提下，通过基金运营实现自我平衡；二是政府只对基本保障项目进行管理，并制定全国统一标准，其他项目交给非营利性机构或商业机构负责。政府的职能只限于法律监督、业务指导和最后担保，并不直接参与经营。世界银行的数据表明，只有具备独立经营权或交给有利益约束的私营机构进行商业化经营的企业年金制度，才能真正实现基金的保值增值，从而最终保证保障对象的利益。我国企业年金计划实行市场化管理方式，政府监管机构的职能是拟订规则、依规监管；委托外部管理服务机构进行企业年金基金运营管理，包括基金筹集、投资、给付和账户管理等职能，市场化管理的目的是充分发挥市场在竞争性领域的积极作用，提高企业年金基金运营效率。

三、我国企业补充养老保险的适用范围及建立条件

（一）适用范围

企业年金的适用范围主要包括三类用人单位：一是各类城镇企业；二是参加基本养老保险社会统筹的事业单位，如企业化管理事业单位、自收自支事业单位转制为企业后亦可建立企业年金；三是参加企业养老保险社会统筹的各类社会团体和民办非企业组织。

（二）建立条件

建立企业补充养老保险制度具有普遍性原则，但并不意味着所有企业都必须建立起这种制度，企业建立补充养老保险是需要具备一定条件的。只有具备了这些条件才有资格和能力建立。根据我国规定，应具备的基本条件主要包括以下几方面：

1. 企业必须是已经参加基本养老保险社会统筹

并且能够按时足额缴纳基本养老保险费，这是企业建立补充养老保险的前提条件。基本养老保险在多层次养老保险体系中起着主导作用，因此，确保基本养老保险基金的形成是补充养老保险的先决条件。按时足额缴纳基本养老保险费就是满足这一先决条件的具体化。此外，基本养老保险制约着补充保险的最高补充水平，只有在基本养老保险的水平确定后，才能确定补充保险的最高水平。

2. 企业必须具有经济承受能力

这是建立补充养老保险最根本的条件。经济承受能力包括两层含义：一是补充养老保险资金不允许计入成本的情况下，企业能够用自有资金为本企业职工支付补充养老保险所需资金。自有资金多的企业可以补充，自有资金少的企业则只能少补充或暂时不补充。二是补充养老保险资金允许有条件地计入成本的情况下，计入成本的补充养老保险资金能够被企业消化，不至于影响企业的竞争力和各项指标的完成情况。微利企业不具备建立企业

补充养老保险的条件，因为补充养老保险资金若计入成本，使得成本增加，企业很可能由微利变为亏损。总而言之，企业的经济承受能力和经济效益状况决定企业是否具备建立补充养老保险的条件以及补充水平的高低。

3. 企业内部建立了集体协商机制

集体协商机制是企业补充养老保险建立和顺利实施的保证条件。企业补充养老保险涉及职工的切身利益，其制度的建立非常复杂，如补充的范围、水平、新老职工之间以及与退休人员之间如何做到公平有效衔接等，这就要求制定有关细则和处理这方面问题时必须谨慎、周密，并进行充分论证，否则会引起职工不满，好事可能办成坏事。

（三）建立程序

第一步，形成建立企业年金的决定。如果决议建立企业年金，代表企业的一方和代表职工一方的工会或职工代表要进行集体协商，达成一致意见后，制定企业年金方案，对相关内容进行约定。

第二步，确定企业年金方案的具体内容。一是资金筹集方式；二是计发办法和支付方式；三是支付企业年金待遇的条件；四是中止缴费的条件。

第三步，报送企业年金方案。企业年金方案应当报送所在地区县级以上地方人民政府劳动保障行政部门。

四、我国企业补充养老保险的主要内容

（一）资金来源及筹资标准

企业年金基金由下列各项组成：①企业缴费；②职工个人缴费；③企业年金基金投资运营收益。企业年金所需费用由企业和职工个人共同缴纳。企业缴费的列支渠道按国家有关规定执行：职工个人缴费可以由企业从职工个人工资中代扣。企业缴费每年不超过本企业上年度职工工资总额的十二分之一。企业和职工个人缴费合计一般不超过本企业上年度职工工资总额的六分之一。企业年金基金实行完全积累，采用个人账户方式进行管理。

企业年金基金可以按照国家规定投资运营。企业年金基金投资运营收益并入企业年金基金。企业缴费应当按照企业年金方案规定比例计算的数额计入职工企业年金个人账户；职工个人缴费额计入本人企业年金个人账户。企业年金基金投资运营收益，按净收益率计入企业年金个人账户。

（二）管理方式及记账办法

企业年金实行完全积累，采用个人账户方式进行管理。个人缴费全部计入个人账户，

企业缴费应当按照企业年金方案规定比例计算的数额计入职工企业年金个人账户。通常情况下，企业缴费由用人单位先确定企业年金的提取比例和费用总额，根据本企业人员构成情况，考虑职工责任轻重、贡献大小、工龄长短等因素，分档次确定系数，再按系数计划出每个人应得的份额，按照不同额度记入个人账户。这样，可以较好地体现激励作用。具体如何计入，应完全由企业与职工协商确定，并体现在企业年金方案中。

（三）待遇支付

职工达到国家规定的退休年龄时，可以从本人企业年金个人账户中一次或定期领取企业年金。职工未达到国家规定的退休年龄的，不得从个人账户中提前提取资金。出境定居人员的企业年金个人账户资金，可根据本人要求一次性支付给本人。

职工变动工作单位时，企业年金个人账户资金可以随同转移。职工升学、参军、失业期间或新就业单位没有实行企业年金制度的，其企业年金个人账户可由原管理机构继续管理。

职工或退休人员死亡后，其企业年金个人账户余额由其指定的受益人或法定继承人一次性领取。

（四）运营管理

建立企业年金的企业，应当确定企业年金受托人（以下简称受托人），受托管理企业年金。受托人可以是企业成立的企业年金理事会，也可以是符合国家规定的法人受托机构。企业年金理事会由企业和职工代表组成，也可以聘请企业以外的专业人员参加，其中职工代表应不少于三分之一。企业年金理事会除管理本企业的企业年金事务之外，不得从事其他任何形式的营业性活动。确定受托人后应当签订书面合同。合同一方为企业，另一方为受托人。

受托人可以委托具有资格的企业年金账户管理机构作为账户管理人，负责管理企业年金账户；可以委托具有资格的投资运营机构作为投资管理人，负责企业年金基金的投资运营。受托人应当选择具有资格的商业银行或专业托管机构作为托管人，负责托管企业年金基金。受托人与账户管理人、投资管理人和托管人确定委托关系，应当签订书面合同。企业年金基金必须与受托人、账户管理人、投资管理人和托管人的自有资产或其他资产分开管理，不得挪作其他用途。

第七章　失业保险

第一节　失业保险概述

一、失业及失业率

（一）失业的含义

失业是指有劳动能力的劳动年龄人口愿意接受现行的工资水平和工作条件，但仍然没有工作的状态。

按照国际劳工组织的定义，一定年龄范围之内的劳动年龄人口，同时满足下述三个条件的才能视为失业：（1）本人无工作，没有从事有报酬的职业或自营职业；（2）本人当前具有劳动能力，可以工作；（3）本人正在采取各种方式寻找工作。

大多数国家把 16 岁至 65 岁的人口称为劳动年龄人口，所有劳动年龄人口根据其是否就业，划分为三种状态，即就业人口、失业人口、不在劳动力人口。所谓不在劳动力人口是指既非就业、又非失业的人口，即客观上丧失工作岗位、主观上又不愿意工作的人口。

我国统计意义上的失业是指城镇非农业户口在劳动年龄内（男 16 岁至 50 岁、女 16 岁至 45 岁）有劳动能力、无业而要求就业并在当地劳动部门进行失业登记的人员。我国关于失业的概念有以下几个特点：①失业人员主要是指城镇非农业户口的劳动者，不包括农村劳动者，因而，大量进城务工的民工并不在失业人员统计之列，农民不存在失业问题。②失业人员的年龄限于男 16 岁至 50 岁，女 16 岁至 45 岁，该年龄段的上限比我国法定退休年龄低。

我国一般意义上的失业是指劳动者在有劳动能力并确定在寻找工作的情况下不能得到适宜职业而失去收入的状态。

（二）失业的统计指标

失业率是反映一个国家或地区失业状况的主要指标，一般以失业人数同在业人数与失业人数之和的比例反映失业率。

我国使用的城镇登记失业率，是计算城镇登记失业人数同城镇在业人数与城镇登记失业人数之和的比例。

由于登记统计复杂，登记失业率的统计是以每一日历年的最后一天的失业人数来计算的，而没有采用国际上通行的月度失业率统计方法。从上述方面看，登记失业率很难真实地反映失业的状况。

二、失业的类型

按照就业意愿可将失业分为自愿性失业和非自愿性失业。自愿性失业是指劳动者自动放弃就业机会，而没有找到新的工作岗位的情况。非自愿性失业是指劳动者愿意接受现有的货币工资水平却仍找不到工作的情况。劳动者自愿性失业受各方面的影响。例如，受自己的知识水平、认识能力、周围环境等的影响，认为现有的工资水平与自己付出的劳动所应该获得的劳动报酬不相符，他们宁愿在家失业，也不愿意做这种低于自己应得的工资收入的工作。因此，对于这种主动选择失业的无业者，不是失业保险所保障的对象，失业保险所关注的失业类型是被迫的、非自愿性失业。非自愿性失业包括常见的摩擦性失业、结构性失业、周期性失业、季节性失业等。

三、失业保险的含义及特点

（一）失业保险的含义

失业保险是指国家（或政府）通过立法实施的，由社会各方筹集建立基金，旨在通过为符合条件的劳动者提供基本生活保障和相关服务来增强劳动者抵御失业风险能力的一项社会保险制度。这一概念主要包括以下三个层次的含义：

第一，失业保险的核心内容是由国家建立失业保险基金，分散这一劳动风险，使处于失业状态的劳动者生活获得基本保障；第二，失业保险对失业者提供基本生活需求的保障具有法定时限，超过一定时限之外的救济不属于失业保险的范围；第三，失业保险是现金帮助与提供就业服务的统一，提供就业服务、激励失业者就业是它的基本目的之一。失业保险是社会保障体系的重要组成部分，是社会保险的主要项目之一。由于失业保险所追求的目标不同，同时受经济发展水平的限制，失业保险又有消极的失业保险和积极的失业保险之分。所谓消极的失业保险是指仅在劳动者失业期间给付失业保险金维持其基本生活。一般来说，在各国建立失业保险的初始阶段，基本上是一种消极的失业保险。积极的失业保险是指，除了在劳动者失业期间给付失业保险金，维持其基本生活，还通过专业训练、职业介绍等手段为其重新就业创造条件。目前，西方大多数工业国家均采取这种积极的失业保险。

（二）失业保险的特征

失业保险作为社会保险的子系统，除了具备社会保险所具有的特征外，还具有自身的特点。

1. 失业保险的对象是失业劳动者

社会保险的其他子系统，如医疗、养老、生育、工伤保险，其对象均是暂时或永久丧失劳动能力的劳动者，而失业保险只对有劳动能力的并有劳动意愿但无劳动岗位的人提供保险，就是说，失业保险与其他社会保险项目最大的不同点就是失业保险对象是没有丧失劳动能力的劳动者。丧失劳动能力而失去劳动机会的情况不包括在失业保险范围之内。

2. 非自然因素是造成风险的主要原因

通常来说，其他社会保障项目所涉及的风险往往与人的生理变异等自然因素有关，失业保险所涉及的风险却不是由人的生理因素等自然因素所引起的，而是由一定时期的社会和经济因素所引起的，在一定程度上，它也与国家在一定时期的宏观经济政策有关。例如，人口劳动力资源与经济增长的比例失调，产业结构的调整以及就业政策的变化等，都可能成为失业的原因。这和其他社会保险项目中的劳动危险事故的成因有明显的区别。

3. 保障形式和内容的多样性

失业保险不同于其他社会保障，失业保障既有保障失业者生理再生产的功能和目标，也有保障劳动力再生产的功能和目标，这两种功能和目标是同等重要的。因此，失业保险在保障形式和内容上具有自身的特殊性，它除了需要向受保者发放保险金、提供物质帮助，以保障其基本生活需要之外，还需要通过就业培训等形式帮助失业者提高其文化素质和业务素质，以便重新就业。

四、失业保险的筹集方式

建立失业保险基金是失业保险制度的重要内容。

其他国家一般采取五种方式筹集失业保险所需资金：一是由雇主和雇员双方负担；二是由雇主和国家双方负担；三是由雇员和国家双方负担；四是由国家、雇员和雇主三方负担；五是全部由雇主负担。

全部由雇主负担失业保险所需资金的国家，主要采取征收保险税的办法，只有个别国家采用。各国主要采取的是征缴费用、建立基金的方式。

　　失业保险费是失业保险基金的主要来源。因此，城镇企事业单位及其职工应当按照规定，及时、足额缴纳失业保险费，以保证基金的支付能力，切实保障失业人员基本生活和促进再就业所需资金支出。发展失业保险事业是国家的一项重要职责，一方面政府要组织好失业保险费的征缴和管理工作，另一方面在失业保险费不能满足需要时，也有责任通过财政补贴的形式保证基金支出的需要。征缴的失业保险费按规定存入银行或购买国债，取得的利息收入并入基金，这是保证基金不贬值的重要措施。其他资金是指按规定加收的滞纳金及应当纳入失业保险基金的其他资金。罚款不在此列。

　　我国失业保险制度建立以来，一直实行基金制，在基金来源上采取用人单位缴费和财政补贴的方式。实践证明，基金制与我国经济发展水平是相适应的，可以为失业保险提供稳定的资金来源。但由于只限于用人单位缴费，职工个人不缴费，造成收缴数额有限，基金承受能力弱。

　　若大幅度提高征缴比例，势必增加用人单位负担。在国家财力尚不充足和一些企业经营状况较为困难的情况下，适当提高用人单位缴费比例，并实行个人缴费较为可行，也有利于增强职工个人的保险意识。

第二节　我国失业保险制度

一、失业保险的覆盖范围

　　城镇国有企业、集体企业、外商投资企业、港澳台投资企业、私营企业等各类企业，以及事业单位都必须参加失业保险并按规定缴纳失业保险费。从个人来讲，上述单位的职工也要按规定缴纳失业保险费，失业后符合条件的可以享受失业保险待遇。社会团体及其专职人员、民办非企业单位及其职工、城镇中有雇工的个体工商户及其雇工是否适用《失业保险条例》，由各省级人民政府确定。

二、失业保险的费用负担

　　用以支付失业保险待遇的失业保险基金由下列各项构成：①城镇企业事业单位、城镇企业事业单位职工缴纳的失业保险费；②失业保险基金的利息；③财政补贴；④依法纳入失业保险的其他资金。失业保险费，包括单位缴纳和个人缴纳两部分，这是基金的主要来源；财政补贴，是政府负担的一部分；基金利息，是基金存入银行和购买国债收益部分；其他资金，主要是指对不按期缴纳失业保险费的单位征收的滞纳金等。

根据对未来的失业率的预测，失业保险费由城镇企业事业单位按照本单位工资总额的2%缴纳，城镇企业事业单位职工按照本人缴纳工资的1%缴纳失业保险费。各省、自治区、直辖市人民政府可以根据本行政区域失业人员数量和失业保险基金数额，报经国务院批准，可以适当调整本行政区域失业保险费的费率。城镇企业事业单位招用的农民合同制工人本人不缴纳失业保险费。

三、享受失业保险待遇的条件

（一）按时缴纳失业保险费

失业保险和其他保险一样是一种风险共担方式，保险缴费形成承担风险和补偿的基金，因此缴费是参与风险共担的前提条件，领取失业保险待遇者是按时缴纳失业保险费者。根据《失业保险条例》的要求，职工失业后想要领取失业保险金，除了按时缴费，还必须在失业前连续缴纳失业保险费满一年。

（二）非本人意愿中断就业

在讨论失业保险时，我们根据失业者的主观意愿将失业分为自愿失业和非自愿失业。非自愿失业即在当前条件下，劳动者个人不愿意中断就业时失业。自愿失业则是劳动者自愿离职而导致的失业。各国一般都只将非自愿失业者纳入失业保险的领取范围。实践中，一般把非本人意愿中断就业限定为劳动合同终止，被用人单位解除劳动合同、被用人单位开除、除名、辞退的，还包括因用人单位用工不当依法解除劳动合同。

（三）已进行失业登记，有求职要求

为了解失业人员的基本情况，确认其资格，办理失业登记是失业人员领取失业保险金的必要程序。另外，失业保险待遇的对象是有劳动能力的非自愿失业者，非自愿失业即有就业意愿和能力，因此领取失业保险待遇要求有求职意愿。

办理失业登记主要有两个目的：一是让公共服务机构掌握失业人员的情况，提供及时的就业服务和再就业培训；二是为发放失业保险待遇提供依据。

有求职要求有很多证明方式，例如，接受相关部门组织的就业培训、介绍的工作以及积极寻找就业岗位。

四、失业保险待遇

失业人员可享受的失业保险待遇项目包括：按月领取的失业保险金，领取失业保险金

期间的医疗待遇，领取失业保险金期间死亡的失业人员的丧葬补助金及其供养的配偶、直系亲属的抚恤金；另外，还可以为失业人员在领取失业保险金期间提供职业培训、职业介绍等服务，以帮助失业人员实现再就业，并减轻失业人员的经济负担。

（一）失业保险金

失业保险金是失业保险待遇的主要内容，失业保险金标准的高低关系到失业人员能够领取的失业保险金的多少，关系到失业保险待遇水平的高低。目前，我国各地经济和社会发展水平不平衡、不协调，由省级人民政府确定失业保险金标准具有现实必要性。因此，《中华人民共和国社会保险法》规定：失业保险金的标准，由省、自治区、直辖市人民政府确定，不得低于城市居民最低生活保障标准。

关于确定失业保险金标准的原则，必须综合考虑经济和社会发展状况及职工工资水平，一般要遵循以下原则：第一，保障失业人员的基本生活。失业保险金多是失业人员的主要经济来源。失业保障金低于失业人员原来的工资水平。失业保险的制度导向是促进失业人员积极再就业，如果失业保险金高于原来的工资水平或者与原来的工资水平一样，会造成变相鼓励失业、放任失业，违背制度的宗旨。第二，权利与义务相统一。职工参加失业保险的主要义务是缴纳失业保险费。职工失业保险费是按照本人工资的一定比例缴纳的，职工所在单位是按本单位工资总额的一定比例缴纳的，不同参保人员所缴纳的失业保险费是不同的，与之相适应的，失业保险金的标准应当体现这一差别。

失业保险金的标准由省级人民政府确定，包括省人民政府、自治区人民政府和直辖市人民政府。目前，各省级人民政府大多采用以当地最低工资标准的百分比来确定失业保险金的具体数额。

不得低于城市最低生活保障标准。《失业保险条例》规定：失业保险金的标准应当低于当地最低工资标准，且高于城市居民最低生活保障标准的水平。在立法过程中，有的意见认为失业保险金标准低于最低工资标准不尽合理，应当根据缴费工资和家庭抚养人口确定。由于意见不一致，最后《中华人民共和国社会保险法》只规定失业保险金标准不得低于城市最低生活保障标准，对于是否低于当地最低工资标准不再作出规定，可待以后《失业保险条例》修改时再作调整。

（二）医疗待遇

《中华人民共和国社会保险法》制定实施前，职工在失业期间不能享受医疗保险待遇，仅能申领医疗补助金。失业人员在领取失业保险金期间患病就医的，可以按照规定向社会保险经办机构申请领取医疗补助金，医疗补助金标准由省、自治区、直辖市人民政府规定。

《中华人民共和国社会保险法》为了使失业人员能有更高水平的医疗保障，对现行的做法做了修改，将申领医疗补助金改为享受基本医疗保险待遇。《中华人民共和国社会保险法》规定：失业人员在领取失业保险金期间，参加职工基本医疗保险，享受基本医疗保险待遇。失业人员应当缴纳的基本医疗保险费从失业保险基金中支付，个人不缴纳基本医疗保险费。

失业人员已经失业，失去主要的经济收入来源，如果再让其负担基本医疗保险费，会进一步加剧生活困境。为了更好地保障失业人员的生活和健康，《社会保险法》规定失业人员的基本医疗保险费由失业保险基金支付，失业人员不需要缴纳基本医疗保险费。需要说明的是，失业保险基金所支付的基本医疗保险费包括个人应当缴纳的部分和用人单位应当缴纳的部分，统筹地区可以对缴纳标准等作出具体规定。

（三）死亡相关待遇

在我国，有着为死亡职工的遗属发放丧葬补助金和抚恤金的历史传统。失业保险制度包含以下几方面内容。

失业人员在领取失业保险金期间死亡的，参照当地对在职职工死亡的规定，向其遗属发给一次性丧葬补助金和抚恤金，所需资金从失业保险基金中支付。个人死亡同时符合领取养老保险丧葬补助金、工伤保险丧葬补助金和失业保险丧葬补助金条件的，其遗属只能选择领取其中的一项。

失业保险丧葬补助金是指对失业人员在领取失业保险金期间死亡的，由失业保险基金支付其遗属一定数额，用以安排丧葬事宜的资金。抚恤金是指以失业人员领取失业保险金期间死亡的，由失业保险基金发给其亲属的费用。参照当地对在职职工死亡的规定，向其遗属发给丧葬补助金和抚恤金。具体数额要参照各地对在职职工死亡的有关标准来规定。

（四）职业培训和职业介绍

《失业保险条例》的明确了《失业保险条例》的制定是为了"保障失业人员的基本生活，促进其再就业"。促进再就业主要的直接推手就是职业培训和职业介绍。职业培训和职业介绍主要包括职业培训服务、职业介绍服务以及就业指导三个方面。

《失业保险条例》规定：失业保险基金可用于领取失业保险金期间接受职业培训、职业介绍的补贴，补贴的办法和标准由省、自治区、直辖市人民政府规定。职业培训服务是失业人员在领取失业保险待遇期间，失业保险经办机构的人员安排失业人员接受职业培训或为其提供培训补贴，让其提高自己的技能，或掌握一种新的技能，所需费用由失业保险基金开支。职业介绍服务是失业人员在领取失业保险待遇期间，可以不受任何限制到职业介绍机构进行求职，既可以到公共职业介绍机构，也可以到私人职业介绍机构。职业指导服务是失业人员在领取失业保险待遇期间，如果在求职中遇到困难和障碍，或者想知道更多的与职业有关的知识，或者想创办自己的经济实体，自谋职业，皆可以到失业保险经办机构指定的职业指导机构接受职业指导。

（五）生育补助

失业期间生育的情况下，由于处于失业状态不符合生育保险的领取条件，所以由失业保险提供相应待遇，以保障这一自然现象的顺利完成。

五、享受失业保险待遇的期限

只要失业职工及其失业前所在单位依法参保缴费并达到申领条件，不论个人及其家庭经济状况如何，经办机构都应该为其发放失业保险金。职工参加失业保险的时间有长有短，所缴纳的失业保险费有多有少，为了体现公平原则和权利与义务相统一原则，职工失业时所领取的失业保险金应该有合理的差别。《社会保险法》根据失业人员失业前，用人单位和本人累计缴费年限的不同，确定了相应的领取失业保险金期限，同时，还规定了职工再次就业情况下，前后领取期限的合并问题。

《社会保险法》规定，失业人员失业前用人单位和本人累计缴费满 1 年不足 5 年的，领取失业保险金的期限最长为 12 个月；累计缴费满 5 年不足 10 年的，领取失业保险金的期限最长为 18 个月；累计缴费 10 年以上的，领取失业保险金的期限最长为 24 个月。重新就业后，再次失业的，缴费时间重新计算，领取失业保险金的期限与前次失业应当领取而尚未领取的失业保险金的期限合并计算，最长不超过 24 个月。

（一）领取失业保险金的期限

根据失业人员失业前用人单位和本人累计缴费期限，规定了三档领取失业保险金的期限，分别为 12 个月、18 个月和 24 个月。这三档期限为最长期限，不是实际领取期限，实际期限根据失业人员的重新就业情况确定，可以少于或等于最长期限。例如，规定累计缴费满 1 年不足 5 年的，领取失业保险金的期限最长为 12 个月，如果在 6 个月内重新就业，就只能领 6 个月。不能理解为累计缴费时间满 1 年不足 5 年的失业人员不论其是否存在重新就业等情况，都能领取 12 个月的失业保险金。

（二）累计缴费期限

累计计算缴费期限有利于促进劳动力的合理流动，促进用人单位和职工参加失业保险的积极性。《失业保险条例》中规定领取失业保险金的期限是依据失业人员失业前所在单位和个人的累计缴费时间决定的。这样规定主要有两点考虑：一是将履行缴费义务与享受失业保险待遇的权利紧密联系起来。缴费时间越长，领取失业保险金的期限越长。不按规定缴费的，应在计算其领取期限时作相应扣除，这是强化职工缴费意识的重要手段；二是允许缴费时间累计相加作为确定享受期限的标准，有利于保护失业人员的合法权益。特别是对那些失业前多次转换工作单位，并且参加了失业保险的人员来说，更加体现了这一精神。从这点来讲，也有利于促进劳动力合理流动，促进用人单位和职工参加失业保险。《社会保险法》延续了《失业保险条例》的这一做法，采用了累计计算期限的方式。

（三）再次失业情况下失业保险金的领取

职工失业后，按照规定领取失业保险金，在此期间，职工如果重新就业，则其应该停止领取失业保险金，并重新开始缴纳失业保险费，重新计算缴费时间，这样，失业人员实际领取失业保险金的期限有可能会少于可以领取的最长期限，即会存在一个剩余期限。如果职工重新就业后又再次失业，可以根据重新计算的缴费时间来领取失业保险金。除此之外，如果再次失业，失业人员还有前次失业期间的剩余的领取失业保险金期限，则可根据《失业保险条例》的规定，将再次失业后领取失业保险金的期限与前次应当领取而未领取的失业保险金期限合并计算。需要注意的是，如果出现合并期限超过 24 个月的情况，失业人员最长只能领取 24 个月的失业保险金。

六、停止领取失业保险待遇的情形

失业人员在领取失业保险金期间，有可能会发生情况变化，致使其丧失继续享受领取失业保险待遇的条件。在这种情况下，应当停止其享受失业保险待遇。根据我国《社会保险法》规定，失业人员在领取失业保险金期间有下列情形之一的，应停止领取失业保险金，并同时停止享受其他失业保险待遇。

（一）重新就业的

职工失业享受失业保险待遇的一个重要条件就是要有求职要求而找不到工作。失业期间，通过加强学习、接受就业培训、接受就业服务机构的职业介绍等，失业人员大多会重新就业。对个人而言，重新就业后，其身份转变为从业人员，不再属于失业保险的保障范围，不能再继续享受失业保险待遇。

（二）应征服兵役的

在我国，公民不分民族、种族、职业、家庭出身和受教育程度，都有服兵役义务。失业人员在享受失业保险待遇期间，符合条件的，可以应征服兵役，根据有关军事法律、法规、条令享受服役和生活保障。

（三）移居境外的

随着全球化时代的到来和国际交往日益密切，我国公民移居其他国家的数量逐年增多。失业人员移居境外，表明其在国内没有就业意愿，不符合领取失业保险金待遇条件，而且其在国外是否就业不好证明。

（四）享受基本养老保险待遇的

根据《社会保险法》的规定，基本养老保险实行累计缴费，失业人员失业前参加基本养老保险并按规定缴费的，在其享受失业保险待遇期间，基本养老保险关系暂时中断，其缴费年限和个人账户可以存续，待重新就业后，应当继续基本养老保险关系。失业人员达到法定退休年龄时缴费满15年可以从享受失业保险直接过渡到享受基本养老保险，按其缴费年限享受养老保险待遇，基本生活由基本养老保险金予以保障，在这种情况下，应当停止其享受失业保险待遇。

（五）无正当理由，拒不接受当地人民政府指定部门或者机构介绍的适当工作或者提供培训的

建立失业保险制度的目的是保障失业人员的基本生活，促进失业人员再就业。在保障失业人员基本生活的同时，政府和社会还应根据失业人员的自身特点、求职意愿和市场需求，为其提供就业服务、创造就业条件。在这种情况下，失业人员应主动接受政府和社会提供的就业岗位和培训，尽快实现再就业。这不仅可以从根本上解决失业人员的基本生活问题，也可以减轻失业保险基金的支出。为了鼓励失业人员尽快实现再就业，对无正当理由，拒不接受当地人民政府指定部门或者机构介绍的适当的工作或者提供培训的，停止其享受失业保险待遇。另外，此项规定中，无正当理由是关键，一般来讲，无正当理由拒绝介绍的工作应当是与失业人员的年龄、身份状况、受教育程度、工作经历、工作能力及求职意愿基本相符的工作。

（六）被判刑收监执行的

失业人员在享受失业保险待遇期间，触犯刑律构成犯罪的，或违反有关行政法规给予行政处罚的，应根据对其处罚结果确定是否停止其享受失业保险待遇。对被判刑收监执行的，不存在基本生活问题，应停止其享受失业保险待遇；对判处缓刑或其他行政处罚的，

应当继续支付失业保险待遇。

（七）法律、行政法规规定的其他情形

这是一条概括性规定，主要是考虑到出现上述情形以外的情况，确需停止失业人员享受失业保险待遇时，可由法律、行政法规另行规定。从目前的情况看，法律、行政法规尚未规定其他情形。这一规定还表明，除法律、行政法规有权规定停止享受失业保险待遇的情形外，部门规章、地方性法规和地方规章及政策均不能对此作出规定。

第三节　失业保险实务

一、失业登记

办理失业登记是领取失业保险金的重要条件，办理失业登记一是为了让公共服务机构掌握失业人员的情况，及时提供就业指导，促进再就业；二是为发放失业保险待遇提供依据和信息。失业登记的主要内容有失业人员的个人情况、原就业情况、失业时间与原因等失业情况。

失业登记是失业人员户籍所在地社会保险经办机构依据国家有关规定，接受失业人员在终止或解除劳动合同之日起60日内办理失业保险金申领手续，并核定享受失业保险待遇期限和标准以及确定领取方式的过程。

接受失业登记时，应要求失业人员携带本人身份证明、终止或解除劳动关系证明、失业证、求职登记凭证。

职工失业后，应当积极到公共就业服务机构办理失业登记，享受国家有关失业保障及鼓励就业政策。根据目前一些地方的实践，办理失业登记后，失业人员可以接受公共职业介绍机构提供的免费职业介绍、职业指导服务；参加适应市场需求的职业培训并按规定减免培训费用；按规定享受各项就业扶持政策；符合失业保险金申领条件的，按规定申领失业保险金和其他失业保险待遇。当然，在享受这些权利的同时，还应履行一些义务，应该如实向失业登记机构反映求职情况；积极应聘公共职业介绍机构推荐的就业岗位，接受职业指导；积极参加劳动保障部门组织的免费职业培训和各类就业促进项目；接受和配合地区就业援助机构关于失业登记人员求职活动、求职意愿、参加培训等情况调查。

一次失业登记的有效期为6个月，在有效期满后仍然符合失业登记条件的失业人员，应该重新办理失业登记。

二、申领失业保险待遇的程序

失业保险金自办理失业登记之日起计算。失业人员申领失业保险待遇，应当按照一定的程序进行。

第一，由失业人员失业前所在的单位为其出具终止或解除劳动关系的证明。城镇企业事业单位职工失业，可分为以下几种情形。①终止劳动合同。即双方在合同中约定的期限已到期或者双方约定的合同终止条件出现，合同终止履行，单位不再与其续签劳动合同，造成失业。②解除劳动合同。即双方提前终止劳动合同的履行。根据劳动法的规定，解除劳动合同的具体条件：一是双方协商同意解除劳动合同。二是用人单位可以在下列情况下解除劳动合同：劳动者在试用期间被证明不符合录用条件的；严重违反劳动纪律或者用人单位规章制度的；严重失职、营私舞弊、对用人单位利益造成重大损害的；被依法追究刑事责任的；劳动者患病或者非因工负伤，医疗期满后，不能从事原工作也不能从事由用人单位另行安排的工作的；劳动者不能胜任工作，经过培训或者调整工作岗位，仍不能胜任工作的；劳动合同订立时所依据的客观情况发生变化，致使原劳动合同无法履行，经双方协商不能就变更合同达成协议的；用人单位濒临破产进行法定整顿期间或者生产经营状况发生严重困难，确需裁减人员的。

用人单位在劳动者患职业病或者因工负伤并被确认为全部丧失或者部分丧失劳动能力，患病或者负伤并在规定的医疗期内，女职工在孕期、产期、哺乳期内及法律、行政法规规定的其他情形出现时解除劳动关系的，其行为无效，劳动者应当通过申请劳动争议仲裁维护自己的合法权益。

用人单位应当为失业人员出具解除或终止劳动关系的证明，证明应当注明失业人员的姓名、年龄等基本情况及解除或终止劳动关系的时间、原因等内容，并告知失业人员是否可以享受失业保险待遇、应当在多长时间内向哪个经办机构提出申领申请等。

第二，用人单位应将失业人员的名单在7日内报所在地社会保险经办机构备案。

第三，职工失业后，可以选择是否申领失业保险待遇。愿意申领的，应当持本人身份证、单位出具的终止或解除劳动关系的证明等材料，及时到失业保险关系所在地的失业保险经办机构办理申领登记手续。

第四，失业保险经办机构对申领申请进行审核，内容包括：申请人提供的证明材料是否真实可靠、申请人参加失业保险和缴纳失业保险费的情况、是否进行过失业登记和求职登记等。对不符合领取条件的申请人，应当书面告知其理由，并告知申请人有异议时可在多长时间内向哪一个劳动保障行政部门提出复议申请。经审核符合领取条件的，应当为失业人员办理领取失业保险金的有关手续。

第五，领取失业保险金。经失业保险经办机构办理领取失业保险金手续后，失业人员按月到同一个失业保险经办机构领取失业保险金，或由失业保险经办机构开具单据，到指定的银行领取失业保险金。

第六，丧葬补助金和抚恤金申领。丧葬补助金和抚恤金的申领对象是在领取失业保险金期间死亡的失业人员的家属。

失业人员家属应当在失业人员死亡之日起 30 日内向街道（乡镇）劳动保障管理站提出书面申请。经审核符合条件的，失业保险经办机构于批准的次月委托经办银行发放。

三、失业保险的统筹层次

失业保险基金在直辖市和设区的市实行全市统筹；其他地区的统筹层次由省、自治区人民政府规定。《失业保险条例》根据不同地区经济发展水平和失业保险工作的现状，规定了相应的统筹形式。直辖市和设区的市实行全市统筹，这将原来大部分实行县级统筹的地区提高为市级（地级市）统筹。这样规定主要考虑直辖市和设区的市经济发展水平相对较高，工作基础较好，市场就业机制正在逐步形成，有条件实行全市统筹。在具体的实施过程中，各地可以结合实际情况，确定不同的全市统筹的实现方式，既可以统一管理和调度使用全部基金，也可以统筹调剂使用部分基金，以充分发挥基金保障失业人员基本生活和促进再就业的功能。其他地区的统筹层次，由各省、自治区、直辖市根据实际情况确定。

四、失业保险关系的转移接续

城镇企业事业单位成建制跨统筹地区转移，失业人员跨统筹地区流动的，失业保险关系随之转迁。《失业保险条例》规定，主要是考虑城镇企业事业单位成建制跨统筹地区转移前已按规定参加了失业保险，并缴纳了失业保险费。失业人员在跨统筹地区流动前已在享受失业保险待遇。单位和失业人员不能因其转移和流动而中止失业保险关系，否则就会损害其合法权益。单位转移和失业人员流动后，原失业保险关系所在统筹地区的失业保险经办机构应当将其失业保险关系转至迁入的统筹地区，迁入地的失业保险经办机构应当接续其失业保险关系。

五、骗取失业保险待遇的处罚

《失业保险条例》对享受失业保险待遇的条件和停止享受失业保险待遇的情形做了明确的规定。违反规定领取失业保险待遇的，属于违法行为，应当承担相应的法律责任。

在现实生活中，不符合享受失业保险待遇条件，骗取失业保险待遇的行为主要表现为：隐瞒已经就业的事实，以失业人员的身份骗领失业保险待遇；伪造失业登记证件，骗取失业保险待遇；谎报年龄，在享受养老保险待遇的同时，享受失业保险待遇等。这类行为的共同特征是：不符合领取失业保险待遇条件的人员通过各种手段编造虚假情况，隐瞒真实情况，以达到非法占有失业保险金和其他失业保险待遇的目的。

为预防和减少骗取失业保险金和其他失业保险待遇的行为，避免失业保险基金流失，《失业保险条例》作出了明确的处罚规定。对情节轻微的，由失业保险经办机构责令退还。所谓情节轻微，一般是指行为人具有骗取时间较短、数额较小、行为系首次发生、主动交代问题并退还所骗待遇等情节。对情节严重的，由劳动保障行政部门处骗取金额 1 倍以上 3 倍以下的罚款。所谓情节严重，一般是指行为人骗取时间较长、数额较大，曾经因骗取行为受过处罚仍不改过，组织多人骗取失业保险待遇，拒不退还已骗取的失业保险待遇等情节。对具有这些情节的行为人，应当给予严厉的处罚，除责令其退还外，还应视其情节处以罚款。对触犯刑律，构成犯罪的，经办机构应及时通报司法部门。这里要注意的是，罚款处罚决定只能由劳动保障行政部门作出，经办机构不能擅自处理。

第八章　社会保险的监管

第一节　社会保险监管概述

一、社会保险监管的概念、作用和监管目标

（一）社会保险监管的概念

社会保险监管是指由国家立法机关、行政管理部门、专职的监督部门以及社会组织和个人等对社会保险部门的管理过程、管理结果进行评审、鉴定的总称。社会保险监督的特点主要有以下几个方面：

1. **独立性**

社会保险监督部门和社会保险行政部门是分别设立的，社会保险监管部门依法实施监管的行为不受管理者意志的影响，社会保险监督具有独立性。这样，可以有效地制约管理部门滥用权力。

2. **连续性**

社会保险监管不是一蹴而就的，而是一个连续的、不间断的过程。通过系统、连续地监管，可以使社会保险监管机构站在一定的高度有效地监督社会保险管理的各个环节，对各项社会保险资金的使用情况作出客观、准确的风险预警和评估。

3. **系统性**

社会保险监管是系统性的工程，不仅需要对社会保险内容的有序性、动态性、相关性、适应性等方面进行监管，也需要对社会保险内容是否随经济、市场和社会的变化不断地作出调整进行监管。对此，要求监管机构对被监管对象进行系统、全面的监管，以便及时发现社会保险管理中存在的问题，真正发挥公正监督的作用。

4. **一致性**

在社会保险监管的过程中，各部门的监管行为具有相对的一致性，避免前后矛盾、相

互矛盾，使被监管对象感到不知所措。

5. 可操作性

社会保险监管涉及的范围比较广泛，管理难度比较大，这就要求各项监管措施结合社会保险管理的实际情况，制定明确的量化指标和操作程序，便于监管人员掌握和灵活运用。

（二）社会保险监管的作用

1. 制约作用

社会保险监管可以依法监督、约束管理部门的行为，防止管理部门违法违规，防止权力的滥用。

2. 信息反馈作用

社会保险监管可以促使政府及时发现管理中存在的问题，并将相关信息及时反馈到有关管理部门，可以促进社会保险管理效率的提高，可以进一步促进管理部门完善社会保险制度建设。

3. 公正作用

社会保险监管可以客观、公正地评价社会保险管理部门的管理水平、管理效益，以确保社会保险政策目标的实现。

（三）社会保险监管的目标

社会保险监管的目标是最大限度地保障劳动者（或公民）的合法权益，维护社会的公平、正义。社会保险管理部门的管理效果直接关系到公民的切身利益，关系到社会保险政策目标的实现。尽管世界各国政府对社会保险监管的内容和方式不同，但是监管的目标大致相同，主要包括以下三个方面：

1. 保障劳动者（或公民）的合法权益

社会保险制度的政策目标之一是为劳动者（或公民）解除后顾之忧，保障劳动者（或公民）基本生活需要。例如，我国社会保险的监管机构作为劳动者（或公民）利益的代表，对社会保险制度实施的各个环节进行监管，是制度设计的必然选择。因此，维护受益人的合法权益，是社会保险监管的基本目标。

2. 维护社会公平和稳定

社会公平是一个国家社会文明的基本体现，社会稳定是一个国家经济稳定的前提条件。社会保险监管直接关系到社会的稳定和劳动者（或公民）的生活，社会保险监管的目标是维护社会的公平和稳定。

3. 确保社会保险基金的安全

确保社会保险基金的安全是各国社会保险基金监管部门的重要目标之一，也是社会保险制度正常运营的保证。目前，我国已经积累了数额巨大的社会保险基金，无论是从社会保险基金收支的过程来看，还是从社会保险基金的投资运营来看，都潜伏着比较高的风险。确保社会保险基金的安全和保值增值，是监管部门的重要目标。确定这一监管目标，可以防止社会保险基金管理部门因缺乏管理经验或者经营、运营不善，造成社会保险基金的损失；也可以防止基金管理人从事不正当的经营和投资，损坏社会保险基金的安全。

二、社会保险监管的主体和客体

（一）社会保险监管的主体

社会保险监管的主体是指监督社会保险制度施行的政府、社会组织、媒体、企业和个人等。社会保险监管的主体主要包括立法机关、行政机关、社会组织、用人单位和个人等。

1. 各级人民代表大会常务委员会

我国《中华人民共和国宪法》规定，地方各级人民代表大会在本行政区域内，保证宪法、法律、行政法规的遵守和执行。各级人民代表大会常务委员会的监督权是通过国家机关实现的，作为国家立法机关的各级人民代表大会及其常务委员会，对社会保险制度实施的情况具有监督和管理的权利和义务。《社会保险法》规定，各级人民代表大会常务委员会听取和审议本级人民政府对社会保险基金的收支、管理、投资运营以及监督检查情况的专项工作报告，组织对本法实施情况的执法检查等，依法行使监督职权。

2. 各级社会保险行政机关

各级社会保险行政机关，主要包括各级社会保险行政部门、各级财政部门和各级审计机关等。

（1）各级社会保险行政部门

我国《社会保险法》赋予了各级社会保险行政部门对用人单位和个人遵守社会保险法律法规情况实施监督管理的职责。我国《劳动保障监察条例》规定：劳动保障行政部门对用人单位参加各项社会保险和缴纳社会保险费的情况实施劳动保障监察；对用人单位的劳动保障监察，由用人单位所在地的县级或者设区的市级劳动保障行政部门管辖。

（2）各级财政部门和各级审计机关

我国《社会保险法》规定：财政部门、审计机关按照各自职责，对社会保险基金的收支、管理和投资运营情况实施监督。

3. 社会保险监督委员会

社会保险监督委员会是政府组织、吸收社会各界人士参加的社会保险监督机构。我国《社会保险法》规定：统筹地区人民政府成立由用人单位代表、参保人员代表，以及工会代表、专家等组成的社会保险监督委员会，掌握、分析社会保险基金的收支、管理和投资运营情况，对社会保险工作提出咨询意见和建议，实施社会监督。

4. 社会组织

社会组织监督也是社会保险监管的主体之一，如工会、社区居民委员会等社会组织。工会作为劳动者利益的代表，有对社会保险的管理实施监管的权利和义务。

5. 用人单位和个人

社会保险制度的实施关系到公民的切身利益，应当发挥社会监督的作用，鼓励社会组织、个人对社会保险进行监督。《中华人民共和国宪法》规定，我国公民享有监督国家机关和国家工作人员行为的权利。同时，中华人民共和国公民对于任何国家机关和国家工作人员，有提出批评和建议的权利；对于任何国家机关和国家工作人员的违法、失职行为，有向有关国家机关提出申诉、控告或者检举的权利，但是不得捏造或者歪曲事实进行诬告陷害。我国《社会保险法》也赋予社会组织和个人对违反社会保险法律法规的行为进行举报、投诉的权利。

（二）社会保险监管的客体

社会保险监管的客体是指社会保险监督、管理的对象。例如，我国《社会保险法》规定的社会保险监管对象主要有：各级社会保险管理机构（主要包括社会保险经办机构、社会保险费的征收机构、社会保险基金的管理机构及中介机构）、缴纳社会保险税（费）的主体（用人单位和个人）。

1. 各级社会保险管理机构

社会保险经办机构、社会保险费的征收机构、社会保险基金的管理机构及中介机构，既是社会保险监管的对象，也是社会保险监管的重中之重。

2. 缴纳社会保险税（费）的主体

缴纳社会保险税（费）的主体通常是用人单位和个人。用人单位和个人是否遵守社会保险法律法规，是否依法参加社会保险、按时足额缴纳社会保险费，是社会保险切实发挥作用、保障公民权益的前提。目前，我国一些用人单位为了逃避监管，采取不参保、部分职工参保或不足额参保的方式，损害劳动者的权益；还存在一些用人单位和个人骗取社会保险待遇的问题，损害社会保险资金的安全。加强对用人单位、个人遵守社会保险法律法规等方面的监管是十分必要的。

第二节　社会保险监管的原则、依据和方式

一、社会保险监管的原则

社会保险监管的原则集中体现在社会保险监督中起主导作用的本质精神，即社会保险监管应当遵循的基本准则。社会保险监管的原则主要有以下几个方面。

（一）法制性原则

法制性原则是指社会保险的监管机构运用法律手段，依法监管社会保险管理机构、用人单位和个人业务行为。法制性原则的确立，可以使社会保险的监管具有严肃性、强制性和权威性的特点，从而保证了社会保险监管的顺利执行。法制性原则的内容主要体现在以下三个方面：

1. 依法确定被监管对象的权利和义务

用法律法规的形式确定被监管对象的权利、义务，规定社会保险经办机构的设立标准、社会保险基金收支标准、社会保险基金投资运营管理机构的市场准入和退出标准等，监管社会保险管理机构依法行使权利、履行义务的情况。

2. 依法确定监管机构的法律地位

用法律法规的形式确定监管机构的法律地位、监管权威和监管职责，以法律法规的形式确定监管的行为标准和管理办法，可以使社会保险监管工作的实施有法可依。

3. 依法确定监管机构与其他机构的关系

依法确定监管机构在社会保险监管中的地位、相互关系、职责、权利和义务等方面的关系，可以督促相关管理人员依法履行职责。

（二）安全性原则

确保基金安全是监管机构履行职责的基本目标。如果社会保险基金投资的领域风险过

高，不仅无法取得预期的投资收益，而且可能危及社会保险制度运营的基础，进而引发社会动荡。

（三）公正性原则

公正性原则是指社会保险监管机构在履行监管职责时，以客观事实为依据，以法律法规和各项规章制度为准绳，综合运用行政、经济和法律手段，及时发现社会保险管理中存在的问题，对相关机构的违法违规行为予以处罚，对被监管对象采取一视同仁、公平对待的原则。对此，要求社会保险监管人员不得参与社会保险管理机构的经营管理活动。社会保险监管机构的工作人员不得与经营社会保险基金资产业务的单位有任何利益上的联系。如果有利害关系、亲属关系应当回避。只有这样，才能保证社会保险监管的公正、公平。

（四）独立性原则

独立性原则是指社会保险的监管机构依照法律法规独立行使监管权力，不受其他机关、单位、社团和个人的干预。独立性原则主要体现在两个方面：一是监管机构同被监管单位既要密切合作、相互配合，又要划清职责界限，互不干涉、不超越权限；二是监管机构对管理机构依法监管时，不能受到其他组织、机构和个人意志的左右，必须保持监管工作的相对独立性。坚持独立性原则，可以防止权力滥用、以权谋私、独断专行等问题的发生，可以保证监管目标的实现。

（五）科学性原则

科学性原则是指社会保险的监管必须科学、合理，尽量避免监管负效应的产生。社会保险监管是一项不断发展和完善的系统工程，是涉及监管组织体系、监管方式、监管法律法规、投资运营风险预警体系、风险监测体系、风险评估等方面内容的风险管理系统。对于这样庞杂的监管体系，只有以科学性原则为准则，才能达到预期的监管目标。对此，社会保险监管机构必须运用先进的科学技术手段，建立健全法律法规体系，建立健全风险监测、风险评估体系，不断提高监管质量和水平。

二、社会保险监管的依据

社会保险法律和法规、部门规章制度、集体合同、劳动合同、劳动规章制度和劳动纪律是社会保险监管的依据。我国社会保险监管的依据，主要有以下几个方面。

（一）法律

法律是指由全国人民代表大会及其常务委员会制定和颁布的社会保险的基本法律。社会保险法律的效力主要有以下几个方面：

1. 法律的空间效力

全国人民代表大会及其常务委员会制定和颁布的法律、国务院制定的行政法规、国务院各部委制定的行政规章，除法律另有约定外，其效力范围还包括我国全部领土、领海、领空，驻外使馆及悬挂中国国旗的飞机、船舶等。

2. 法律的时间效力

法律的时间效力是指法律什么时间开始生效、什么时间终止效力以及法律对其生效以前的事件和行为有无溯及力。

3. 法律对人的效力

法律对人的效力是指法律对什么人具有约束力。例如，我国《社会保险法》规定，中华人民共和国境内的用人单位和个人依法缴纳社会保险费，有权查询缴费记录、个人权益记录，要求社会保险经办机构提供社会保险咨询等相关服务。个人依法享受社会保险待遇，有权监督本单位为其缴费情况。

（二）法规

法规是指国务院或者地方政府制定的有关劳动的规范性文件。此外，香港特别行政区、澳门特别行政区行政长官制定的规范性文件，在其管辖区也属于行政法规。社会保险法规可以分为以下两类：

1. 国务院制定和颁布的社会保险法规

国务院制定和颁布的文件就是行政法规，是当前我国社会保险法律体系中的主体部分。

2. 地方性社会保险法规

地方性法规是由省、自治区、直辖市或省市人民代表大会及其常务委员会制定和颁布的适用于本地区的社会保险法规。

（三）社会保险部门的规章制度和文件

部门规章制度主要是指国务院所属的部门制定的规范性文件。例如，国务院授权范围内的部门制定的贯彻社会保险行政法规的实施细则、规定和其他解释性的规范性文件。

（四）集体合同、劳动合同

1. 集体合同

集体合同是工会与用人单位或者雇主团体签订的协议，集体合同生效后，可以作为社会保险监管的依据。

2. 劳动合同

劳动合同是劳动者同用人单位签订的明确双方权利和义务的协议。劳动合同依法订立、生效后，也可以作为社会保险监管的依据。

（五）用人单位的劳动规章制度和劳动纪律

用人单位的劳动规章制度和劳动纪律是用人单位根据国家法律法规制定的适合本单位的行为规范，是用人单位对社会保险法律法规实施的具体化，用人单位的劳动规章制度和劳动纪律可以作为社会保险监管的依据。

三、社会保险监管的方式

加强社会保险监管，可以减少管理部门的违法违规行为，最大限度地保障公民的合法权益、维护社会的公平正义，实现社会保险基金安全、有效的运营。社会保险监管的方式主要有法律法规监管、行政监管、财务监管、金融监管和社会监督五个方面。

（一）法律法规监管

完善的立法体系为有效地实施社会保险监管提供了法律依据。为了能够有效地控制社会保险管理过程中的风险，监管机构要加强对社会保险经办机构、社会保险费征缴机构以及基金投资运营管理机构执行法律法规情况的监管，检查其是否真正履行了法律法规赋予的职责。

（二）行政监管

行政监督是指行政机关内部上下级之间，以及政府专门设立的行政监察、审计机关对社会保险管理部门及其工作人员的监督。行政监管是政府依法治理的重要手段，具有约束性的作用。

1. 现场监督

现场监督是监督机构的工作人员到被监督单位对社会保险资金管理、资金收支、基金投资收益、基金流动性等进行的日常监督或专项监督。现场监督主要包括日常监督、专项监督等。日常监督是指在日常业务活动中开展的定期或不定期的监督管理工作。专项监督是指监督机构的工作人员针对某项具体问题到被监督单位展开的监督活动。

第一，根据年度监督计划和工作需要确定监督项目及监督内容，制订监督方案，并在实施监督 3 日前通知被监督单位。

第二，检查被监督单位社会保险基金会计凭证、会计账簿、会计报表、统计报表，查阅与监督事项有关的文件、资料、检查现金、实物、有价证券等，向被监督单位和有关个人调查取证，听取被监管单位有关社会保险基金管理情况的汇报。

第三，根据检查结果，写出监督报告，并送被监督单位征求意见。被监督单位应当在接到监督报告 10 日内提出书面意见。逾期未提出书面意见的，视同无异议。

2. 非现场监督

非现场监督是指监督机构对被监督单位报送的社会保险基金管理的有关数据资料进行检查、分析。非现场监督分为常规监督和专项监督。常规监督通过被监督单位按监督机构的要求定期报送有关数据进行检查、分析；专项监督通过被监督单位按监督机构的要求报送专项数据进行检查、分析。监督机构实施非现场监督，依照下列程序进行：

第一，根据监督计划及工作需要，确定非现场监督的目的及监督内容，提出定期报送数据或专项报送数据的范围、格式、报送方式及时限，并通知被监督单位。

第二，审核被监督单位报送的数据，对不符合要求的数据，应当要求被监管单位补报或者重新报送。

第三，分析被监督单位的数据，评估社会保险基金管理投资的状况及存在的问题，写出监督报告。

社会保险基金非现场监督是劳动保障行政部门社会保险基金监督机构对于手工报送或网络传输的有关数据资料进行检查分析，掌握被监督单位社会保险管理和制度运营的状况，及时发现问题，采取防范措施的一种远程监督。

（三）财务监管

财务监管是指通过制定、实施社会保险资金管理会计制度，对各级社会保险资金收支、结余、投资等情况进行真实地记录和反映，借此对会计资料进行分析、评价、考核。财务监管有利于政府监管部门对社会保险基金执行法律法规的情况、投资运营的情况等作出合理的判断，提出合理的改进建议。

（四）金融监管

金融监管是指政府授权的金融监管机构（如中央银行）对金融交易主体进行的某种限制或规定。目前，我国基本养老保险基金需要投资金融市场，实现保值增值。在我国基本养老保险基金投资运营的过程，需要接受金融监管机构的监督、检查，以避免违反金融法律法规的行为发生。

（五）社会监督

公民、用人单位及社会组织是社会监督的监督主体。与其他监管主体不同，公民、用人单位和社会组织无法直接对违法违规行为进行处理，只能通过举报、投诉等方式实施监督。为了完善社会保险的社会监督，有关管理部门建立了相应的监督、举报制度，从制度上规范监督的范围、监督的形式、监督的程序，以规范监管机构、监管人员的行为。

第三节　社会保险监管的内容

一、社会保险法律法规执行情况的监管

对法律法规执行情况的监督是人民代表大会常务委员会（以下简称"人大常委会"）的一项法定职责，由各级人大常委会或者常务委员会工作机构具体组织实施。各级人大常委会或者常务委员会根据年度执法检查计划，组织执法检查组；执法检查组的组成人员，从各级人大常委会组成人员以及有关专门委员会组成人员中确定，并可要求各级人民代表大会代表（简称"人大代表"）参加。执法检查结束后，执法检查组应当及时提出执法检查报告，由人大常委会委员长会议或者主任会议决定提请常委会审议。

执法检查报告的主要内容有：对本法实施情况进行评价，提出执法中存在的问题和改进执法工作的建议；对本法提出修订完善的建议。此外，各级人大常委会还可以依法对有关社会保险的行政法规、地方性法规、自治条例和单行条例、规章进行备案审查，审议议案和报告时对有关社会保险的问题进行询问和质询等。

国家社会保险行政部门对全国范围内用人单位和个人遵守社会保险法律法规的情况进行监督检查；县级以上地方政府社会保险行政部门对本行政区域内用人单位和个人遵守社会保险法律法规的情况进行监督检查。用人单位和个人遵守社会保险法律法规的情况主要包括以下几个方面：

一是职工是否依法参加社会保险。依照《社会保险法》的规定，职工应当参加职工基本养老保险、基本医疗保险、工伤保险、失业保险和生育保险，用人单位应当自用工之日起30日内为其职工办理社会保险登记。

二是用人单位是否依法缴纳社会保险费。我国《社会保险法》对用人单位和个人缴纳社会保险费的义务作出了明确的规定。用人单位应当依照规定自行申报，按时足额缴纳社会保险费；职工应当缴纳的社会保险费由用人单位代扣代缴。

三是否依法享受社会保险待遇。参加社会保险并依法缴纳社会保险费的个人，依照《中华人民共和国社会保险法》以及有关法律法规的规定，享受社会保险待遇。社会保险行政部门实施监督检查是行政执法行为，代表国家行使权力，被检查的用人单位和个人应当予以配合，不得以任何理由拒绝检查，应当按照要求如实提供与社会保险有关的资料，不得提供虚假资料，谎报或者隐瞒情况。

用人单位、社会保险经办机构及其工作人员、社会保险行政部门及其工作人员、社会保险服务提供者及其工作人员、参加社会保险的个人等社会保险关系人，违反法律法规相关规定的，应当承担法律责任。

我国《社会保险法》有如下规定：

用人单位不办理社会保险登记的，由社会保险行政部门责令限期改正；逾期不改正的，对用人单位处应缴社会保险费数额一倍以上三倍以下的罚款，对其直接负责的主管人员和其他直接责任人员处五百元以上三千元以下的罚款。

社会保险经办机构及其工作人员有下列行为之一的，由社会保险行政部门责令改正；给社会保险基金、用人单位或者个人造成损失的，依法承担赔偿责任；对直接负责的主管人员和其他直接责任人员依法给予处分：①未履行社会保险法定职责的；②未将社会保险基金存入财政专户的；③克扣或者拒不按时支付社会保险待遇的；④丢失或者篡改缴费记录、享受社会保险待遇记录等社会保险数据、个人权益记录的；⑤有违反社会保险法律法规的其他行为的。

社会保险行政部门和其他有关行政部门、社会保险经办机构、社会保险费征收机构及其工作人员泄露用人单位和个人信息的，对直接负责的主管人员和其他直接责任人员依法给予处分；给用人单位或者个人造成损失的，应当承担赔偿责任；第九十三条规定：国家工作人员在社会保险管理、监督工作中滥用职权、玩忽职守、徇私舞弊的，依法给予处分。

二、社会保险基金收支的监管

（一）社会保险费征收的监管

社会保险费征收的监管主要包括三个方面的内容：一是对社会保险费的征收机构的监管；二是社会保险行政部门对用人单位或个人的监管；三是职工对用人单位、社会保险经办机构的监管。

1. 对社会保险费征收机构的监管

社会保险费的征收机构由省、自治区、直辖市人民政府规定，可以由税务机关征收，也可以由劳动保障行政部门按照国务院规定设立的社会保险经办机构征收，社会保险费的缴费基数、费率依照有关法律、行政法规和国务院的规定执行，征缴的社会保险费纳入社会保险基金，专款专用，任何单位和个人不得挪用。同时，社会保险经办机构应当将缴费单位和缴费个人的缴费情况汇总后报劳动保障行政部门，应当依法建立缴费记录，并负责保存缴费记录，保证其完整、安全，并应当至少每年向缴费个人发送一次基本养老保险、基本医疗保险个人账户通知单。

财政、审计、社会保险监督委员会对社会保险费征收机构监管的主要内容有：（1）社会保险费征收机构是否按照规定的项目和标准，及时、足额征缴社会保险费。（2）是否擅自提高或降低社会保险费的征缴比例或减免征收社会保险费。（3）是否转移或隐瞒基金收入，私设"小金库"或多头开户，或挤占挪用基金。（4）是否将收入户基金及时、足额缴存财政专户。（5）是否按规定收取滞纳金，并将滞纳金列入基金收入。（6）是否允许缴费单位以实物抵顶社会保险费，造成基金的少征等。

2. 社会保险行政部门对用人单位或个人的监管

社会保险行政部门对用人单位或个人监管的主要内容有：（1）缴费单位或个人是否按规定缴纳社会保险费。（2）是否隐瞒工资总额造成少缴或其他形式的漏缴。（3）是否故意拖欠或拒缴社会保险费。（4）是否将应缴的社会保险费截留用于其他开支等。

3. 职工对用人单位、社会保险经办机构的监管

缴费单位还应当每年向本单位职工公布本单位全年社会保险费缴纳情况，接受职工监督；社会保险经办机构也应当定期向社会公告社会保险费征收情况，接受社会监督。

（二）社会保险资金支付的监管

社会保险资金支付的监管主要包括两个方面的内容：一是财政、审计、社会保险监督

委员会对社会保险待遇发放机构以及服务机构的监管；二是对社会保险待遇受益人的监管。

1. 财政、审计、社会保险监督委员会对社会保险待遇发放机构以及服务机构的监管

根据权利与义务对等的原则，社会保险经办机构具有依法履行待遇发放的义务。《中华人民共和国社会保险法》规定：社会保险经办机构应当按时足额支付社会保险待遇。具体来说，社会保险经办机构应当按照相关规定对社会保险给付待遇申请人的资格进行审定，计算申请人应该享受的待遇，通过必要的方式将社会保险待遇及时、足额地发放。此外，社会保险经办机构是否按照规定编制预算、计划，社会保险资金的分配、使用是否合理合法，资金的调度和用款计划是否按照规定的程序报批，内部控制制度是否健全等也是监管的主要内容。《社会保险法》规定，社会保险经办机构以及医疗机构、药品经营单位等社会保险服务机构以欺诈、伪造证明材料或者其他手段骗取社会保险基金支出的，由社会保险行政部门责令退回骗取的社会保险金，处骗取金额二倍以上五倍以下的罚款；属于社会保险服务机构的，解除服务协议；直接负责的主管人员和其他直接责任人员有执业资格的，依法吊销其执业资格。

2. 社会保险受益人的监管

社会保险的受益人是否参加社会保险以及是否具有享受社会保险待遇的资格等，是社会保险金申领的基本前提。对此，《中华人民共和国社会保险法》规定：以欺诈、伪造证明材料或者其他手段骗取社会保险待遇的，由社会保险行政部门责令退回骗取的社会保险金，处骗取金额二倍以上五倍以下的罚款。

三、社会保险基金投资运营的监管

社会保险基金投资运营的监管是一个多层次的网络状监管体系，其主要分成五个层次：一是政府监管，二是行业自律监管，三是社会中介机构的监管，四是内部控制的监管，五是资本市场的监管。这五个层次的监管相互联系、相互协调，共同构成了社会保险基金投资运营的监管体系。

（一）政府监管

政府对社会保险基金投资运营的监管，是政府监管机构对于基金受托人、投资管理人、托管人和账户管理人的监管，政府是独立和唯一的监管机构，政府监管机构专门负责制定社会保险基金投资运营的有关法规、制度，对各类机构从事社会保险基金投资运营的资格予以认定，对社会保险基金投资运营的情况进行监管，对违法违规操作市场的行为进行调查和处理，对相关责任人依法追究行政责任和刑事责任。政府监管机构的监管属于外部监管，其主要包括以下三个方面。

1. 监管社会保险基金投资运营机构的市场准入和退出

为了确保社会保险基金的安全，防范基金投资运营的风险，许多国家建立了明确的投资管理人资格认定标准，规定这些机构在获得特别许可证后，才能从事社会保险基金的投资运营业务。目前，我国社会保险基金投资管理人市场准入资格的审查主要由全国社会保障基金理事会来行使。

2. 监管社会保险基金的投资范围和结构

社会保险基金投资收益率的高低直接影响社会保险的给付水平和给付安全。在进行社会保险基金投资运营和监管的过程中，必须把资金的安全放在首位，通过有效的调节基金的投资运营范围和结构，寻求社会保险基金投资运营的优化组合。

3. 监管社会保险基金的投资收益

社会保险基金的投资收益率直接影响参保人的社会保险的给付和享受的待遇，因此，许多国家都以法律法规的形式规定了社会保险基金的最低投资收益率。以养老保险基金为例，目前，世界各国对养老保险基金最低投资收益率的规定主要采取以下两种方式：

第一，采用相对值的方式规定养老保险基金投资收益率的下限，即达到所有养老保险基金投资收益的平均值或某个收益基准的一定比例。

第二，采取绝对值的方式规定养老保险基金投资收益率的下限，即规定养老保险基金的投资收益率必须达到某个具体数值（名义值或实际值）。

（二）行业自律监管

行业自律监管是同业公会或行业公会建立的非官方的自律组织，是指基金受托人、基金投资管理人和基金账户管理人行业内部的监管。证券业协会是证券业的自律性组织。证券公司、证券投资管理公司应当加入证券业协会，证券业协会的权力机构为由全体会员组成的会员大会。证券业协会是依法注册的具有独立法人地位、由经营证券业务的金融机构自愿组成的行业性自律组织，证券业协会的设立是为了加强证券业之间的联系、协调、合作和自我控制，以利于证券市场的健康发展。证券业协会履行的职责有：①协助证券监管机构教育和组织会员执行证券法律、行政法规；②依法维护会员的合法权益，向证券监督管理机构反映会员的建议和要求；③收集整理证券信息，为会员提供服务；④制定会员应当遵守的规则，组织会员单位的从业人员进行业务培训，开展会员之间的业务交流；⑤对会员之间、会员与客户之间发生的纠纷进行调解；⑥组织会员就证券业的发展、运营及有关内容进行研究；⑦监督、检查会员行为，对违反法律、行政法规或者协会章程的，按照规定给予纪律处分；⑧国务院证券监管机构赋予的其他职责。

（三）社会中介机构的监管

社会保险基金投资运营的监管需要独立的、公正的、权威的外部审计和信用评级等专业机构的参与，独立审计、信用评级、精算等中介机构的介入是对社会保险基金投资运营监管的重要方面。

社会审计机构主要从财务会计责任审计、经营管理责任审计和财经法规责任审计等方面，对基金受托人、投资管理人、账户管理人的财务状况进行全面的审计与评价。财务与会计责任审计主要审查被审计单位资产、负债状况的真实性，通过核对和查询，确认被审计单位各项资产的真实性，并分析被审计单位资产的保值增值情况；经营管理责任审计主要审查法人代表和主要领导人重大投资决策的正确性，有无重大失误，有无因为个人利益而作出社会保险基金投资的决策，是否因为决策失误造成基金投资的损失；财经法规责任审计主要考察法人代表是否执行国家相关法律、财经法规和有关制度的规定，是否根据有关法律法规制定出适合本单位的具体管理办法。

精算机构的监管，主要是根据缴费职工人数、缴费金额、缴费年限、养老保险金的给付、替代率、退休年龄、死亡率、社会保险基金的投资风险和投资收益率等方面的因素，综合考虑各项社会保险基金的偿债能力，并设计投资收益担保储备金以及提供这种担保的条件。

社会保险基金受托人、投资管理人、账户管理人的资信等级必须经信用评级机构评定，如对银行、公司债券、股票、基金等投资工具的信用状况进行综合评价。信用评级机构以被评价对象过去3~5年的财务数据为基础，通过对公司的盈利能力、现金流充足性、资产质量、资产流动率、债务结构和财务弹性等方面指标的定量分析，并结合影响被评价对象未来偿付能力等各种因素进行定性分析，对被评价对象未来的现金流量、其他资金来源和债务结构进行综合评价。

（四）内部控制的监

社会保险基金管理的内部控制监管主要有三个层次：一是社会保险经办机构内部控制的监管；二是社会保险基金投资管理人内部控制的监管；三是社会保险基金账户管理人内部控制的监管。

1. 社会保险经办机构内部控制的监管

社会保险经办机构的稽核部门的监管职责主要包括以下几个方面：（1）要建立独立于

业务部门以外的稽核部门。社会保险经办机构的内部稽核部门要行使综合性的内部监督职责，对一级法人负责，以确保其独立履行监督、检查的职能。（2）建立规章制度，保证内部稽核部门的独立性和权威性，按"下查一级"的要求实行派遣制。（3）对于下属机构的全面稽核应当实行周期制，循环反复进行，同时安排一定数量的专项稽核，对重大事项实行随时报告的制度。（4）建立稽核处罚制度和稽核检查制度，以督促内部各项管理措施和规章制度的贯彻实施。（5）内部稽核部门和有关检查人员要认真履行职责，真实地反映社会保险基金管理的实际情况，对于隐瞒不报、上报虚假情况、监督检查不力造成重大损失的案件，要依法追究相关责任人的法律责任。

2. 社会保险基金投资管理人内部控制的监管

当前，我国社会保险基金资格认定的监管对象主要是投资管理人。社会保险基金在以委托—代理的方式委托基金管理公司、资产管理公司、信托投资公司投资运营的同时，必须建立健全各项规章制度，加强对社会保险基金投资运营的内部控制监管。主要包括两方面：一是内部控制制度，涉及组织机构、投资决策的风险、投资运营的效率以及报告的可靠性等；二是内部风险管理制度，涉及投资风险管理和操作风险管理等。

3. 社会保险基金账户管理人内部控制的监管

社会保险基金账户管理人内部控制的监管是指银行内部对风险进行控制和管理的一整套制度和方法，目的是保障社会保险基金资产安全和信息及时、可靠地传递，可以及时发现和纠正违法违规的行为，提高社会保险基金投资的收益率，有利于鼓励员工遵守银行内部的授权管理制度和其他商业原则。主要包括：监管投资决策、操作过程的全面性和完整性，监管岗位责任制度的规范性，监管财务资料信息保全系统的完善性，监管风险预警、预报系统的有效性，监管内部稽核制度的落实情况等。

（五）资本市场的监管

《证券法》规定：证券的发行、交易活动，必须实行公开、公平、公正的原则。证券发行、交易活动的当事人具有平等的法律地位，应当遵守自愿、有偿、诚实信用的原则。证券的发行、交易活动，必须遵守法律、行政法规；禁止欺诈、内幕交易和操纵证券市场的行为。证券市场的监管主要有以下两个方面的内容。

1. 证券发行市场的监管

证券发行市场的监管是指证券管理部门对证券发行的审核、监督和管理，包括对证券发行审核制度实施的监管和对证券发行披露制度实施的监管。《中华人民共和国证券法》规定，公开发行证券，必须符合法律、行政法规规定的条件，并依法报经国务院证券监督管理机构或者国务院授权的部门核准；未经依法核准，任何单位和个人不得公开发行证券。申请公开发行公司债券，应当向国务院授权的部门或者国务院证券监督管理机构报送下列文件：①公司营业执照；②公司章程；③公司债券募集办法；④资产评估报告和验资报告；⑤国务院授权的部门或者国务院证券监督管理机构规定的其他文件。依照本法规定聘请保荐人的，还应当报送保荐人出具的发行保荐书。

国务院证券监督管理机构设发行审核委员会，依法审核股票发行申请。发行审核委员会由国务院证券监督管理机构的专业人员和所聘请的该机构外的有关专家组成，以投票方式对股票发行申请进行表决，提出审核意见。发行审核委员会的具体组成办法、组成人员任期、工作程序，由国务院证券监督管理机构规定。国务院证券监督管理机构依照法定条件负责核准股票发行申请。核准程序应当公开，依法接受监督。

参与审核和核准股票发行申请的人员，不得与发行申请人有利害关系，不得直接或者间接接受发行申请人的馈赠，不得持有所核准的发行申请的股票，不得私下与发行申请人进行接触。

国务院证券监督管理机构或者国务院授权的部门应当自受理证券发行申请文件之日起3个月内，依照法定条件和法定程序作出予以核准或者不予核准的决定，发行人根据要求补充、修改发行申请文件的时间不计算在内；不予核准的，应当说明理由。

国务院证券监督管理机构或者国务院授权的部门对已作出的核准证券发行的决定，发现不符合法定条件或者法定程序，尚未发行证券的，应当予以撤销，停止发行。已经发行尚未上市的，撤销发行核准决定，发行人应当按照发行价并加算银行同期存款利息返还证券持有人；保荐人应当与发行人承担连带责任，但是能够证明自己没有过错的除外；发行人的控股股东、实际控制人有过错的，应当与发行人承担连带责任。

2. 证券交易市场的监管

《证券法》对我国证券交易、证券上市、持续信息公开、禁止交易、上市公司收购等行为作出了明确的规定，并制定了相应的处罚措施，其监管主要包括以下几个方面。

（1）对证券交易的监管

证券交易当事人依法买卖的证券，必须是依法发行并交付的证券。依法发行的股票、公司债券及其他证券，法律对其转让期限有限制性规定的，在限定的期限内不得买卖。依法公开发行的股票、公司债券及其他证券，应当在依法设立的证券交易所上市交易或者在国务院批准的其他证券交易场所转让。证券在证券交易所上市交易，应当采用公开的集中交易方式或者国务院证券监督管理机构批准的其他方式。

证券交易所、证券公司和证券登记结算机构的从业人员、证券监督管理机构的工作人员以及法律、行政法规禁止参与股票交易的其他人员，在任期或者法定限期内，不得直接或者以化名、借他人名义持有、买卖股票，也不得收受他人赠送的股票。任何人在成为前款所列人员时，其原已持有的股票，必须依法转让。

为股票发行出具审计报告、资产评估报告或者法律意见书等文件的证券服务机构和人员，在该股票承销期内和期满后 6 个月内，不得买卖该种股票。除前款规定外，为上市公司出具审计报告、资产评估报告或者法律意见书等文件的证券服务机构和人员，自接受上市公司委托之日起至上述文件公开后 5 日内，不得买卖该种股票。

（2）对证券上市交易的监管

申请证券上市交易，应当向证券交易所提出申请，由证券交易所依法审核同意，并由双方签订上市协议。证券交易所根据国务院授权的部门的决定安排政府债券上市交易。申请股票、可转换为股票的公司债券或者法律、行政法规规定实行保荐制度的其他证券上市交易，应当聘请具有保荐资格的机构担任保荐人。申请股票上市交易，应当向证券交易所报送下列文件：①上市报告书；②申请股票上市的股东大会决议；③公司章程；④公司营业执照；⑤依法经会计师事务所审计的公司最近三年的财务会计报告；⑥法律意见书和上市保荐书；⑦最近一次的招股说明书；⑧证券交易所上市规则规定的其他文件。

（3）对持续信息公开的监管

发行人、上市公司依法披露的信息，必须真实、准确、完整，不得有虚假记载、误导性陈述或者重大遗漏。经国务院证券监督管理机构核准依法公开发行股票，或者经国务院授权的部门核准依法公开发行公司债券，应当公告招股说明书、公司债券募集办法。依法公开发行新股或者公司债券的，还应当公告财务会计报告。上市公司和公司债券上市交易的公司，应当在每一会计年度的上半年结束之日起 2 个月内，向国务院证券监督管理机构和证券交易所报送记载以下内容的中期报告，并予公告：①公司财务会计报告和经营情况；②涉及公司的重大诉讼事项；③已发行的股票、公司债券变动情况；④提交股东大会审议的重要事项；⑤国务院证券监督管理机构规定的其他事项。上市公司和公司债券上市交易的公司，应当在每一会计年度结束之日起 4 个月内，向国务院证券监督管理机构和证券交易所报送记载以下内容的年度报告，并予公告：①公司概况；②公司财务会计报告和经营情况；③董事、监事、高级管理人员简介及其持股情况；④已发行的股票、公司债券情况，包括持有公司股份最多的前十名股东的名单和持股数额；⑤公司的实际控制人；⑥国务院证券监督管理机构规定的其他事项。

发生可能对上市公司股票交易价格产生较大影响的重大事件，投资者尚未得知时，上市公司应当立即将有关该重大事件的情况向国务院证券监督管理机构和证券交易所报送临时报告，并予公告，说明事件的起因、目前的状态和可能产生的法律后果。下列情况为前款所称重大事件：①公司的经营方针和经营范围的重大变化；②公司的重大投资行为和重大的购置财产的决定；③公司订立重要合同，可能对公司的资产、负债、权益和经营成果产生重要影响；④公司发生重大债务和未能清偿到期重大债务的违约情况；⑤公司发生重大亏损或者重大损失；⑥公司生产经营的外部条件发生的重大变化；⑦公司的董事、三分之一以上监事或者经理发生变动；⑧持有公司百分之五以上股份的股东或者实际控制人，其持有股份或者控制公司的情况发生较大变化；⑨公司减资、合并、分立、解散及申请破产的决定；⑩涉及公司的重大诉讼，股东大会、董事会决议被依法撤销或者宣告无效；⑪公司涉嫌犯罪被司法机关立案调查，公司董事、监事、高级管理人员涉嫌犯罪被司法机关采取强制措施；⑫国务院证券监督管理机构规定的其他事项。

发行人、上市公司公告的招股说明书、公司债券募集办法、财务会计报告、上市报告文件、年度报告、中期报告、临时报告以及其他信息披露资料，有虚假记载、误导性陈述或者重大遗漏，致使投资者在证券交易中遭受损失的，发行人、上市公司应当承担赔偿责任；发行人、上市公司的董事、监事、高级管理人员和其他直接责任人员以及保荐人、承销的证券公司，应当与发行人、上市公司承担连带赔偿责任，但是能够证明自己没有过错的除外；发行人、上市公司的控股股东、实际控制人有过错的，应当与发行人、上市公司承担连带赔偿责任。

国务院证券监督管理机构对上市公司年度报告、中期报告、临时报告以及公告的情况进行监督，对上市公司分派或者配售新股的情况进行监督，对上市公司控股股东和信息披露义务人的行为进行监督。

（4）对禁止交易行为的监管

禁止证券交易内幕信息的知情人和非法获取内幕信息的人利用内幕信息从事证券交易活动。证券交易内幕信息的知情人包括：①发行人的董事、监事、高级管理人员；②持有公司百分之五以上股份的股东及其董事、监事、高级管理人员，公司的实际控制人及其董事、监事、高级管理人员；③发行人控股的公司及其董事、监事、高级管理人员；④由于所任公司职务可以获取公司有关内幕信息的人员；⑤证券监督管理机构工作人员以及由于法定职责对证券的发行、交易进行管理的其他人员；⑥保荐人、承销的证券公司、证券交易所、证券登记结算机构、证券服务机构的有关人员；⑦国务院证券监督管理机构规定的其他人。

证券交易内幕信息的知情人和非法获取内幕信息的人，在内幕信息公开前，不得买卖该公司的证券，或者泄露该信息，或者建议他人买卖该证券。持有或者通过协议、其他安排与他人共同持有公司百分之五以上股份的自然人、法人、其他组织收购上市公司的股份，本法另有规定的，适用其规定。

禁止任何人以下列手段操纵证券市场：①单独或者通过合谋，集中资金优势、持股优势或者利用信息优势联合或者连续买卖，操纵证券交易价格或者证券交易量；②与他人串通，以事先约定的时间、价格和方式相互进行证券交易，影响证券交易价格或者证券交易量；③在自己实际控制的账户之间进行证券交易，影响证券交易价格或者证券交易量；④以其他手段操纵证券市场。操纵证券市场行为给投资者造成损失的，行为人应当依法承担赔偿责任。

禁止国家工作人员、传播媒介从业人员和有关人员编造、传播虚假信息，扰乱证券市场。禁止证券交易所、证券公司、证券登记结算机构、证券服务机构及其从业人员，证券业协会、证券监督管理机构及其工作人员，在证券交易活动中作出虚假陈述或者信息误导。各种传播媒介传播证券市场信息必须真实、客观，禁止误导。禁止证券公司及其从业人员从事下列损害客户利益的欺诈行为：①违背客户的委托为其买卖证券；②不在规定时间内向客户提供交易的书面确认文件；③挪用客户所委托买卖的证券或者客户账户上的资金；④未经客户的委托，擅自为客户买卖证券，或者假借客户的名义买卖证券；⑤为牟取佣金收入，诱使客户进行不必要的证券买卖；⑥利用传播媒介或者通过其他方式提供、传播虚假或者误导投资者的信息；⑦其他违背客户真实意思表示，损害客户利益的行为。欺诈客户行为给客户造成损失的，行为人应当依法承担赔偿责任。

参考文献

[1] 黄莹. 我国养老保险制度的经济效应与改革问题研究 [M]. 厦门：厦门大学出版社有限责任公司，2022（03）.

[2] 孙守纪，费平. 中国机关事业单位养老保险改革及其国际比较研究 [M]. 北京：对外经济贸易大学出版社，2022（03）.

[3] 束军意. 社会保障理论与实践 [M]. 北京：机械工业出版社，2022（01）.

[4] 杨春治. 医疗责任保险法律制度研究 [M]. 北京：中国政法大学出版社有限责任公司，2021（10）.

[5] 吕学静. 现代社会保障概论修订第 4 版 [M]. 北京：北京首都经济贸易大学出版社有限责任公司，2021（07）.

[6] 刘翠霄. 比较社会保障法 [M]. 北京：商务印书馆有限公司，2021（11）.

[7] 马玉海. 新生代农民工社会保障研究 [M]. 长春：吉林大学出版社有限责任公司，2021（10）.

[8] 杨良初. 中国社会保障相关问题研究 [M]. 北京：九州出版社，2021（11）.

[9] 胡永霞. 论我国社会保险制度改革 [M]. 武汉：武汉大学出版社，2020（09）.

[10] 张邦辉. 社会保障 [M]. 重庆：重庆大学出版社，2020（04）.

[11] 徐丛剑，严非，桂永浩. 医学社会学 [M]. 上海：复旦大学出版社，2020（02）.

[12] 陈瑜. 消费养老创新模式一种新型全民养老保险模式 [M]. 北京：中国商业出版社，2020（11）.

[13] 吴丽丽. 中国流动人口社会保障管理研究 [M]. 哈尔滨：哈尔滨出版社，2020（08）.

[14] 柳颖. 建立发展型社会保障制度研究 [M]. 北京：中国社会出版社，2020（06）.

[15] 李耀华. 近代中国的社会保险制度演化强制储蓄 [M]. 上海：上海财经大学出版社，2019（08）.

[16] 丁正智. 社会保险费征缴实务 [M]. 上海：立信会计出版社，2019（12）.

[17] 郑海涛，任若恩. 中国社会保险基金精算研究报告 [M]. 北京：中国金融出版社，2019（01）.

［18］张羽．信息不对称视角下中国社会医疗保险控费机制研究［M］．北京：经济日报出版社，2019（08）．

［19］江昀．社会保险制度的经济学阐释［M］．哈尔滨：哈尔滨工程大学出版社，2019（05）．

［20］魏华林．保险大国［M］．北京：中国金融出版社，2019（12）．

［21］陈辉．相互保险理论与实务教程［M］．北京：中国经济出版社，2019（07）．

［22］庹国柱．保险学［M］．北京：首都经济贸易大学出版社，2019（09）．

［23］张可．保险与健康中国［M］．上海：复旦大学出版社，2019（04）．

［24］王小韦．保险观察与思考［M］．北京：中国金融出版社，2019（01）．

［25］刘钧．社会保险基础［M］．北京：国家开放大学出版社，2018（07）．

［26］丁学娜，汪险生，楚永生．社会保险实务实训教程［M］．西安：西安电子科技大学出版社，2018（03）．

［27］岳宗福．中国社会保险制度［M］．北京：人民日报出版社，2018（03）．

［28］林涛．社会保险经办机构信息化能力研究［M］．广州：华南理工大学出版社，2018（07）．

［29］王玉芳，吴传俭．社会保险审计监管国际比较［M］．南京：江苏人民出版社，2018（03）．

［30］邱玉慧．代际正义视角下的社会养老保险制度研究兼中国城镇职工基本养老保险制度的实证分析［M］．北京：东方出版社，2018（10）．

［31］卢驰文．社会保险与社会福利［M］．上海：复旦大学出版社，2017（01）．

［32］李莹．新型农村社会养老保险基金运营管理研究［M］．北京：知识产权出版社，2017（04）．

［33］汤兆云．城乡统筹发展中的社会养老保险制度建设研究［M］．北京：经济日报出版社，2017（02）．

［34］胡西厚，王雪蝶，陈树军．社会医疗保险转移接续领域利益主体行为分析基于费用控制的视角［M］．东营：中国石油大学出版社，2017（12）．

［35］任建国，易诚．保险保障基金费率及救济范围与标准研究［M］．北京：中国金融出版社，2017（08）．